文明・自然・アジール

女領主井伊直虎と遠江の歴史

夏目琢史

同成社

はじめに

私たちの身のまわりは、「文明」であふれています。私が生まれた頃は、携帯電話やスマートフォンは、まだ普及していませんでしたが、テレビがあり冷蔵庫があり自動車があり、何よりも高度に整備された国家や社会がありました。ですから、「文明」のない世界を、私は知りません。果たして、「文明」のまだまだ未熟な時代——こういうと語弊があるかも知れませんが、まだ人びとが「自然」のなかにあって、その「自然」に生活を規定されつつ暮らしていた時代は、一体、どのようなものであったのでしょうか。太陽と月のリズムにあわせて暮らしていた時代、天候や自然に寄り添いながら自給自足し、ただただ神仏に祈りを捧げ、豊穣を願っていた時代。人びとは、「自然」をどのように克服していったのでしょうか。そして、いつから「文明」といえる生活が形成されてきたのでしょうか。私は、これらの問題について、一つの地域の事例を対象にして深く考えてみたいと思います。

本書は、いわゆる〝学術書〟ではなく、読みやすさを優先しています。しかしその一方で、従来の通説とは異なる、大胆な観点をともなう、きわめて野心的なものでもあります。そのため、読者のなかには、本書の内容が少し難解に感じられる方もいらっしゃるかと思います。ただ、最初にお断りしておきますが、本書はあくまで一つの仮説であって、栄養ドリンクを飲み、鉢巻きを巻いて読むような種類のものではありません。肩の荷をおろし、コーヒーでも飲みながらくつろいで読んでもらえれば幸いです。

このお話の舞台は、南北朝期から戦国期にかけての遠江（現在の浜松市周辺に位置する地域）です。古くは、遠江国・遠州などと呼ばれていました。東海道の京都・鎌倉間の中間にあり、東国と西国の境目にあった浜松の地は、現在、政令指定都市として発展を遂げています。浜松市は、南方は太平洋に面しており砂丘も広がる海岸地帯であり、西方には汽水湖として日本一長い浜名湖があり、東方には一級河川の天竜川があり、そして、引佐・天竜と呼ばれる北方には、広大な山林が広がっています。山河湖海の実にバリエーション豊かな地理的環境が、この狭い地域に凝縮しています。このバリエーションの豊かさこそが、遠江の歴史を複雑なものにすると同時に、実に面白いものにすることになります。

さて、本書の主役となるのは、遠江地方に古くから地盤を築いてきた井伊氏（遠江井伊氏）という一族です。井伊氏は、遠江国引佐郡（現在の浜松市北区引佐町）を拠点として成長した有力な豪族であり、とくに江戸時代以降は彦根藩主として活躍します。桜田門外の変で討たれた大老井伊直弼は、元をただせばこの遠江井伊氏につながります。しかしながら、遠江井伊氏については、残された史料がきわめて少なく、その実態についてはあまり明らかになっておりません（実は、この史料が少ないという事実もとても重要です）。したがって、遠江井伊氏の歴史研究は、数少ない断片的な史料をもって解釈するか、後世に書かれた編纂物に従うしかありません。いずれにせよ、遠江井伊氏は、常に書かれる側でした。書き手側の様々な思惑や歴史観が介在していますので、すでにわかっている事実についても相当に批判的精神をもって眺めなくてはなりません。よって、素朴実証主義的な立場を貫くならば、井伊氏の研究はできないということになります。しかし、だからといって、研究をやらなくてもよいという理由にはなりません。可能な限り、彼・彼女らがどのような存在であったのか、当時の時代状況はどのようなものであったか、その歴史像を導き出すことは重要な仕事であると思います。そのためには、史料の背後にある歴史社会の構造を総合的に理解しなければなりません。その上で、先ほども述べたように、本書では一つの大胆な仮説を提示し、従来とは全く異なった角度から、遠江井伊氏の主体としての位置づけを行っていきたいと思います。

それにしても、遠江井伊氏というのは、実に謎の多い一族です。古代より井伊谷とその周辺地域に基盤をもつ豪族として成長してきたといわれますが、南北朝以来何度も軍事的な敗北を喫しつつも、辛うじて存続してきました。そして、江戸時代には、徳川幕府の重鎮（大老）として政治を動かすことにもなります。なぜ、遠江井伊氏は滅亡しなかったのか、そこには大きな歴史的な意味があるのではないか、そんなことを本書では考えてみたいと思っています。その際、永禄年間に井伊家の惣領として「次郎法師」「直虎」などと名乗った女性の存在が、ひと際目をひきます。実は、彼女こそが、遠江の大きな歴史の転換を象徴する存在であったのではないかと考えていますが、それは本書の後半部分でようやくみえてくる問題です。彼女のことをより深く理解するには、どうしても、南北朝期の遠江の様子から探っていく必要があります。なぜ、南北朝期なのでしょうか。まずは、歴史家たちの見解を聞いてみることにしましょう。

目　次

はじめに

第Ⅰ部　「文明史的転換」としての南北朝動乱

第一章　歴史の転換期をどこにみるか？……3

一　日本の「文明」は一度滅んだ？　3
二　南北朝時代は大人気？　5
三　戦後の南北朝研究　8
四　網野善彦の文明史的転換説　10
五　戦国時代が画期なのか？　12
六　江戸時代＝文明社会　14
七　〝文明〟とは何か　18
八　〝平和な時代〟と〝動乱の時代〟　19
九　「アジール」とは　21

第二章　遠江の南北朝動乱――井伊氏とは何者か――……25
一　「異形の王権」　25
二　三方原御合戦　29
三　宗良親王と井伊氏　36
四　遠江の在地有力者たち　40
五　井伊氏の出自をめぐる謎　42
六　〝自然〟に生きる人びと　46
第三章　遠江の〝自然〟と〝文明〟――文明社会への始動――……55
一　江戸時代は文明化した社会　55
二　〝自然〟対〝文明〟のはじまり　56
三　自然のなかに生きる人びと　59
四　今川の〝文明〟　61
五　井伊の〝自然〟　66
六　〝自然〟はアジール　69

七　宗良親王の意味　73
八　山の生活　75

第Ⅱ部　〝文明〟の形成期としての戦国時代

第一章　十五世紀の平地民のくらし——蒲御厨の場合——……83
一　蒲御厨とは　83
二　畠中心の社会　86
三　蒲御厨の水不足問題　91
四　〝文明〟からの逃走　94
五「平地の民」と「山の民」　97

第二章　遠江の戦国時代——三方ケ原の戦いの歴史的意味——……99
一　応仁の乱とは　99
二　斯波氏　対　今川氏　103
三　井伊直満・直義誅殺事件　111
四　引佐の人びとのくらし　117

五　今川義元と井伊直親　119
六　虎松と新野左馬助　122
七　井伊谷三人衆の正体　125
八　今川氏の滅亡　128
九　三方ケ原の戦い　131
十　〝文明〟の側の反逆　134
十一　龍潭寺の「アジール」化　139
十二　〝自然〟と〝文明の融合〟　145
第三章　井伊直虎――転換期を切り拓いた女性――……147
一　井伊直虎とは　148
二　直虎の出自　151
三　遠江の「国衆」たち　154

四 井伊氏の自立性と龍潭寺 156
五 許嫁直親の信州落ちと直虎出家の意味 158
六 井伊直平の最期 162
七 「直虎」の誕生 164
八 井伊谷徳政の歴史的意味 167
九 小野但馬守とは 174
十 徳川家康による〝文明〟化 177
十一 「悪党」と井伊直虎 180
おわりに
あとがき

第Ⅰ部

「文明史的転換」としての南北朝動乱

吉野朝時代の歴史は見直されるべき時が来たと思ふ。従来は吉野朝の歴史と云へば、勤王と愛国と感激との歴史であつて、所謂涙なくしては読まれぬ歴史であつたが、さうした詩人的詠嘆の歴史の外にそれ等諸現象の奥に、脈々として流るゝものを見出す事が、また歴史家の任務なる事を知らねばならぬ。されば吉野朝史と云ふものをもつと静かに省み、深く掘り下げられねばならぬ。そして歴史の本質に触れて見ねばならない。出来れば歴史とは何ぞやといふ根本的な問題を把握せねばならぬのではないか。勿論感激と悲憤とを捨てよといふのではない。否、感激の歴史である事を忘れてはならないのである。

（中村直勝「緒言」『吉野朝史』星野書店、一九三五年、三頁）

第一章　歴史の転換期をどこにみるか？

一　日本の「文明」は一度滅んだ？

一般的に、日本は明治時代の「文明開化」によって「文明国」の仲間入りをしたといわれてきました。しかし、近年、江戸時代の日本にも高度な「文明」が成立していたことに関心が集まっています。歴史家の渡辺京二さんは、次のように述べています。

日本近代が古い日本の制度や文物のいわば蛮勇を振った清算の上に建設されたことは、あらためて注意するまでもない陳腐な常識であるだろう。だがその清算がひとつのユニークな文明の滅亡を意味したことは、その様々な含意もあわせて十分に自覚されているとはいえない（中略）。

実は、一回かぎりの有機的な個性としての文明が滅んだのだった。それは江戸文明とか徳川文明とか俗称されるもので、十八世紀初頭に確立し、十九世紀を通じて存続した古い日本の生活様式である。……（中略）……文化は滅びないし、ある民族の特性も滅びはしない。それはただ変容するだけだ。

滅びるのは文明である。つまり歴史的個性としての生活総体のありようである。ある特定のコスモロジーと価値観によって支えられ、独自の社会構造と習慣と生活様式を具現化し、それらのありかたが自然や生きものとの関係にも及ぶような、そして食器から装身具・玩具にいたる特有の器具類に反映されるような、そういう生活総体を文明と呼ぶならば、十八世紀初頭から十九世紀にかけて存続したわれわれの祖先の生活は、たしかに文明の名に値した。（渡辺京二『逝きし世の面影』平凡社ライブラリー、一九九八年、一〇～一一頁）

明治以降の私たちが享受してきた文明は、江戸時代の「文明」を破壊した上につくられたものだという、渡辺さんの強いメッセージがこの文章から伝わってきます。渡辺さんは、ここで十八世紀初頭に確立した「徳川文明」の存在に注目しています。しかし、その前段階というか、基盤になるような「文明」は、もっと古い時期に芽生えていたようにも思います。渡辺さんの指摘のように、明治期の近代化によって滅んでしまった「文明」があるとして、その萌芽はどこに見出されるのでしょうか。

この点について、江戸時代以来多くの歴史家たちは、南北朝時代（戦前は「吉野朝時代」といった）に、日本史の大きな転換点を見出してきました。これはとても興味深い話しなのですが、江戸時代の史学史を丹念に把握していくことは、本書の趣旨に合致しないので、ここでは省略させていただきます。明治以降に絞り、いくつか紹介しておくことにしましょう。

二　南北朝時代は大人気？

　ご存知の方も多いかと思いますが、南北朝時代については、戦前および戦中、大変注目を集めました。日本各地で、学校の先生、有識者たちによって「郷土史」の立場から、南朝遺臣の研究が行われ、多くの書籍が刊行されました。遠州地方でも、こうした郷土史掘り起こしの運動は盛んとなり、民俗学者の柳田国男の影響を受けた郷土誌『土のいろ』などが編纂され、地元にゆかりのある歴史上の人物の掘り起こしと顕彰活動が行われました。浜松城で若い頃を過ごした徳川家康や、明治の実業家として活躍した金原明善などが人気を集めてきましたが、とくに注目されたのが後醍醐天皇の皇子である宗良親王の事績です。宗良親王は、遠州白羽湊に漂流し、地元の豪族井伊氏とともに、遠州地域で高氏や今川氏の率いる北朝方の勢力と戦いをくりひろげました。しかし、親王の率いる南朝軍は、北朝の勢力に敗退し、親王は越後・信州へと落ち延びていくことになります。

　こうした事情により、宗良親王にまつわる史跡が遠江にはたくさんあり、大正・昭和初期になって地元の有識者を中心に掘り起こしが行われました。当時の宗良親王研究の流行ぶりをよく教えてくれるのが、静岡県庁教育課内静岡県郷土研究会によって編纂された『静岡県郷土研究』第三輯です。ここでは、宗良親王の特集が組まれ、伊藤只人「南朝と狩野貞長」、沼館愛三「井伊谷を中心とせる勤王遺蹟の研究」、新居貫一「宗良親王と井伊谷宮略記」、西郷藤八「宗良親王御墓考」などの論考が発表されています。当時の郷土史学界の盛況ぶりがよくわかります。

宗良親王の人気は、何も、この時代になってはじまったものではありません。江戸時代後期には、宗教関係者らを中心に、宗良親王ゆかりの史蹟の研究が進められていました。それが、この時期、急速にブームとなった背景の一つには、「皇国史観」などと呼ばれる、吉野朝（南朝）研究が盛んになり、教育界に大きな影響を与えたことが挙げられます。こうした全国規模の動向が、遠州地域の有識者らに大きな影響を与えた側面もあったと思われます。もちろん、遠州地域で南朝顕彰の気運が高まった理由はもっと複雑だと考えています。しかし、ここでは、遠江が宗良親王とゆかりが深く、南朝（吉野朝）への関心がとくに高い地域であったことをご理解していただければ幸いです。

さて、話がそれましたが、戦前にもっとも人気を集めた歴史上の時代は、戦国でも明治でもなく、吉野朝時代（南北朝時代）でした。南北朝をめぐる歴史認識が、ときに政治問題に発展することもあり、社会の関心はきわめて高いものでした。多くの歴史学者たちが、南北朝時代の研究を進めていきます。東京帝国大学国史研究室の教授であり、皇国史観の主唱者とされる平泉澄（一八九五～一九八四）とその門下生たちによる研究が有名ですが、ここでは、京都帝国大学の中村直勝（一八九〇～一九七六）の著書『吉野朝史』（星野書店、一九三五年）に注目してみたいと思います。本書第Ⅰ部の冒頭で引用した文章に続いて、中村さんは、次のように指摘しています。

私見を以てすれば、日本の歴史は、此の時代（＝吉野朝時代：夏目注）を通ることによりて、その前後には、非常な相異が見出されると思ふ。そうして鎌倉時代を以て中世の終とするならば、室町時代を以て近世の初頭と言はねばならぬかと思ふ。それ程までに云へないにしても、確かにこの吉野朝頃に、中世は終りて近世は初まつたと云ふ感が深い。之を経済組織の方面から見れば、この時代を中心として、米穀経済から貨幣経済への変移がある。之を思想界に見るならば、神仏の宗教的世界は終りを告げて、人間の世界が導き出されると思ふ。その社会組織経済機構の変化を当時の人々は如何に見るか。その変化に際会した人は、その変化を如何にして切抜けたか。又その精神生活上に於て、此の時代が神仏から人への過程にあるのを如何にして知つたか。如何なる程度にそれを自覚したか。さうしてその間に処した人々が如何に、時代の進歩と個人の意志との間に挟まれて苦しんだか。時代の波に乗つて思ひがけない栄進に自分の幸福に悦んだか。

（中村直勝『吉野朝史』星野書店、一九三五年、三・四頁）

この文章から、中村さんが「吉野朝頃に、中世は終りて近世は初まつた」という見解をもっていたことがはっきりします。しかも、それは当時の時代状況にもとづいた薄っぺらい指摘ではなく、明確な根拠をもって述べられていることがわかると思います。すなわち、中村さんの歴史観は、「人物」「思想」「経済力」の三つの項から歴史をみていこうとする立場でした。

中村さんは、他の多くの歴史学者たちと同様に、戦時下になると、天皇や南朝遺臣たちの功績を過度に讃えるようになります。いわゆる皇国史観（天皇を中心とした歴史観）の典型的なものと考えられ、戦後は公職追放の処分を受けることになりました。中村さんのなかに天皇中心主義に立つ非科学的な皇国史観があり、それが指導する門下生たちを無謀な戦争に駆り立てるイデオロギーとなったことは、決して無視できないことです。しかしながら、中村さんの『吉野朝史』は、学術的観点から評価できるところもあったのではないかと思います。さきほど引用した言葉からわかるように、中村さんは、南北朝期に三つの画期を見出しています。一つは、「米穀経済から貨幣経済への変移」、二つは、「神仏の世界から人間の世界への転換」、三つめは、皇国史観の影響が強いですが、現代（当時の大日本帝国）に直接つながる国家の創出が挙げられています。すなわち、中村さんは、南北朝期を日本史上の一大画期（＝「近世」への転換）としてとらえ、近代日本国家の出発点と理解していることがわかります。これ自体は、とても重要で魅力的な見解であったと考えられます。

三　戦後の南北朝研究

こうした南北朝期ブームは、戦前で終焉したと考える方も多いと思いますが、実際には、戦後も続いております。もちろん、戦時下における南朝正閏論や非科学的な皇国史観に対する反省もいわれるようになりましたが、南北朝期は依然として研究対象として人気を集めました。とくに、南北朝期を歴史的転換期＝「封建革命期」（すなわち、「近世」への出発点）ととらえた松本新八郎（一九一三〜二〇〇五）の研究が注目されます。

松本新八郎さんは、いわゆる「戦後歴史学」を初期の段階から牽引した学者であり、専修大学などで教鞭をとられました。とくに小農民の自立と郷村制の発達を基軸に、歴史の転換を描いた学説を発表したことで有名です。「名田経営」を基盤とする家父長制大経営の時代から、鎌倉末期になると小農の自立がみられはじめ、室町時代には一般化し、郷村制が形成されていきます。こうした点をもとにして、松本さんは、十四世紀の南北朝期を古代から封建社会への革命的な転換としてとらえました（『中世社会の研究』東京大学出版会、一九五六年。中心となった論文「南北朝内乱の諸前提」の初出は一九四七年）。そして、松本さんは、この時代に活躍する「悪党」を「革命的」な勢力と規定しました。これが、いわゆる「南北朝封建革命説」の概要です。この学説を受けて、敗戦後の歴史学は、展開していったと理解してよいでしょう。

ところが、松本学説は、学界全体としては次第にその効力が失われていきます。その最大の理由は、歴史学者の安良城盛昭（一九二七〜九三）さんによって、「太閤検地＝封建革命説」が発表されたことにあります。これは、日本の中世社会を家父長的奴隷制の段階ととらえ、太閤検地によって、封建制社会へと移行していったと解釈する理論です。つまり、太閤検地を「封建革命」、すなわち歴史上の画期とする考え方です。敗戦直後の当時は、丸山眞男さんの研究に代表されるように、日本近代化の不徹底さ、もっと俗っぽくいえば、日本が西洋に対していかに遅れた社会だったかについて関心が集まっていました。敗戦という現実に直面し、日本社会の後進性の原因を歴史のなかに探り出そうという風潮は、当時のアカデミズムの全体的な気運であったように思います。こうしたなか、より日本の後進性を示している安良城説の方が、受容されやすかったのかも知れません。つまり安良城さんの説は、簡単にいってしまえば、日本が封建社会に突入したのは、西洋社会に比べて随分と遅れた時期であったことを主張するものであり、日本と西欧が異質な社会であることを強調した内容だったと思います。いずれにせよ、安良城説が発表されるまでは、近世の出発点を南北朝期とする見解が一般的であったことを確認しておく必要があるでしょう。

四 網野善彦の文明史的転換説

このように、南北朝時代を日本史上の転換期(すなわち〝近世〟のスタート)とみる議論の歴史は、意外に古くあることをご理解いただけたと思います。ただ、南北朝期を歴史的転換期として理解した有名な学者として、日本中世史家の網野善彦(一九二八〜二〇〇四)を忘れてはいけません。網野さんは、小学館の「日本の歴史シリーズ」の第十巻のなかで『蒙古襲来』について論じましたが(『網野善彦著作集』第五巻、岩波書店、二〇〇八年〔初出は一九七四年〕)、同書のなかで「十三世紀後半から、日本の社会はさまざまな意味で、大きな転換期にはいりはじめた」として、次のように述べています。

……さらにこの農業民・非農業民のそれぞれの世界にあらわれてきた転換のなかに、私は未開の最後の組織的反撃と、文明の最終的勝利の過程があった、と考えてみたいのである。私には、日本民族はきわめて早熟に文明の世界にはいりこんでいったのではないか、と思われてならないとすれば、未開の野性が、その素朴さとともに、日本の社会のいたるところに、なお長くいきいきとした生命力をもって、躍動しつづけていたと考えるほうが、むしろ自然なのではあるまいか。

十三世紀前半以前の日本の社会が、いちじるしく氏族的、血縁的な性格をもっていたといわれること、「母系制」の根強い残存を主張する説の存在、それには民衆の遍歴と「浮浪性」、そして「はじめに」で述べたように、たくましくも素朴な野性の躍動、さんたんたる飢饉等々は、みなそのことを物語っている、と私は考えたい。

そして十三世紀後半以降、さきの分業体系の転換にともなって、必然的に進行してくる地縁的な社会の本格的な確立、家父長制の成立、貨幣の社会内部への深い浸透、文字の庶民への普及、そして、呪術のにおいをともなう野性的な行事の遊戯への転換等々、すべてそれは文明の日本における本格的な勝利をしめしているように思われる。もとより未開のエネルギーは激しい反撃をこころみ、文明の世界のいたるところに、さまざまな刻印をのこしてやまなかったのであるが、巨視的にみればこのようにもいえるであろう。

（『網野善彦著作集』第五巻、岩波書店、二〇〇八年、四三七〜四三八頁）

この文章のなかには、網野さんの歴史観が凝縮されています。まず、網野さんは、歴史の転換を「未開」と「文明」の二項対立でとらえます。「遍歴」から「定住」への社会の大きな転換、貨幣の社会への浸透など、文明化が進んでいく過程を示していきます。「私には、日本民族はきわめて早熟に文明の世界にはいりこんでいったのではないか、と思われてならない」という言葉は、とても印象的です。また、網野さんは、別のところで、次のようにもいっています。

十三世紀後半から十四世紀にかけての時期を、私はいまも文明史的・民族史的な転換期と考えている。それはこの時期以降、社会の深部にまで貨幣が浸透し、為替手形が流通する、信用経済とも言いうるほどの状況が生まれ、それを支えるだけの広域的な商業・金融・交通のネットワークが形成されてきたことを前提としている。それは成熟した農業・漁業・塩業・林業・鉱工業等の発展を背景にしており、この動きのなかから、識字・計数能力をもち、経営の実務にも練達した人々が広く生み出され、自立的に負担を請負い、自治的に運営される村落と都市が成長・分化し、商業・金融・交通の世俗化を急速に進めた。

文明史的転換とはこの事態の進行を指すが、他方、こうした流通・情報の広域的な展開および文字の普及とともに、それまでの社会・国家の歴史と文化を基盤として、本州・四国・九州の「日本国」、沖縄諸島を中心とする「琉球国」、そして東北北部・北海道のアイヌ及び本州人等を含む北方世界が形成されていくのであり、民族史的転換とはこの事実を考えている。

（『網野善彦著作集』第六巻、岩波書店、二〇〇七年、一八五〜一八六頁）

網野さんがいう「文明史的転換」の見取り図は、ここに挙げた文章からよくわかるでしょう。網野さんは、日本史の転換期を十三世紀後半から十四世紀にかけての時期にみています。そしてその指標（メルクマール）には、商業、金融、交通の発展と諸産業の発展、識字率の上昇、自治的な共同体の形成などを挙げています。

五　戦国時代が画期なのか？

このように、南北朝期を歴史の転換期として理解する見方は、きわめて有力な学説の一つでした。しかし、近年は、むしろ、戦国時代を転換期として理解するのが主流です。これには、勝俣鎮夫さんが示した「戦国時代論」が、大きく影響しています。勝俣さんの戦国時代論とは、歴史上の画期を戦国時代に求めた議論です。すなわち、戦国時代の特徴として次の三つを挙げています（勝俣鎮夫『戦国時代論』岩波書店、一九九六年）。

①　百姓たちがみずからつくりだした、自律的・自治的性格の強い村や町を基盤とする社会体制、すなわち村町制の体制的形成期

②　原始社会以来の自然のなかの、自然に支配された、いわば「野生の時代」から、人間の生活、人間社会をしだいに分離独立させつつあった、いわば文明の時代へ離陸する第一歩となった時代

③　日本列島に居住する様々な民族が国民として掌握され、この国民を構成員としてつくられた国民国家的性格の強い国家の形成期

この三つはいずれも重要な論点ですが、ここではとくに②に注目したいところです。戦国時代に日本が、「野生の時代」から今日につながる「文明の時代」への一歩を踏み出し、国民国家的な性格をもつ国家が形成してきたという見通しが示されました。乱暴ないい方をしてしまえば、先ほど、中村直勝さんや網野善彦さんが、南北朝期に求めていたものを、勝俣さんは、戦国時代にまで押し上げてとらえたということができるでしょうか。この勝俣学説は、多くの歴史研究者から批判を受けつつ、次第に浸透していきました。こうした考え方は、戦国時代を一つの時代として考察する研究を加速させましたが、やがて室町末期から江戸時代初期（寛永期頃まで）を一貫してとらえる見方が定着していきます。在地領主、有徳人、土豪な

どといった「中間層」をめぐる研究や、国衆などの存在に注目した「地域権力論」として昇華されていくことになります。いわゆる、「中近世移行期論」「移行期村落論」と呼ばれるものです。現在ではやや下火になってきていますが、まだまだ学界の主流ということができるでしょう。「中近世移行期」というタイトルの論文や学術書をよくみかけますし、世間一般の戦国ブームにあわせて、現在なおも人気ある分野です。

しかし、私の個人的な見解をいえば、やはり日本史の大きな転換点は、南北朝期に求めるべきだと考えています。時代区分をどこに見出すかは、戦後の歴史学にとって重要な論点でありましたが、個別研究が深化した今日、歴史の画期を見出すことはとても難しくなっています。実際、大半の歴史研究者は、かつてほど時代区分論に関心をもっていません。しかし、だからといって中近世移行期を画期として思考停止的に理解してしまうのも問題があるでしょう。少なくとも、古代・中世の社会構造、さらには近代の構造をも深く理解した上でなければ、安易に画期を見出すことはできません。私は、中世の社会構造の基礎はやはり荘園制におかれるべきであると考えますが、「文明」というキーワードをもって時代の移り変わりを理解した場合、南北朝期を一つの大きなターニングポイントと理解すべきだと考えます。その理由については、後でじっくりみていきたいと思います。

六　江戸時代＝文明社会

ところで、近年、江戸時代の研究者からも「文明」という言葉がよく聞かれます。たとえば、歴史学者の大石学さんは、江戸時代の社会を考える上で、「文明」「平和」という言葉をさかんに使用しています。将軍徳川吉宗を「日本社会の文明化を進めた将軍」と銘打っていますし（『徳川吉宗』山川出版社、二〇一二年）、江戸時代そのものを『平和』と『文明化』の二六五年」と理解しています（『新しい江戸時代が見えてくる』吉川弘文館、二〇一四年）。江戸を「首都」としてとらえ、武士の「官僚」としての側面を強調するなど、江戸時代のなかに近代（モダン）を見出す研究成果を精力的に発表されています。具体的には、次のような指摘をしています。

……近年の江戸イメージは、それに先立つ戦国時代を文明化への出発点ととらえます。すなわち、戦国時代以前の日本社会が、神や仏を絶対的なものとして信じ、自然に抱かれた「未開社会」であったのに対して、以後の社会は、人間が自らの力を信じて、自然に働きかける「文明社会」へと成長したと考えるわけです。

この時期、甲斐（山梨県）の大名の武田信玄（一五二一～七三）は信玄堤を築き、徳川家康の家臣で代官頭の伊奈備前守忠次（一五六〇～一六一〇）は、治水や新田開発を行うなど、各地の戦国大名たちは河川をコントロールして大規模な開発を行い、生産力を向上させました。戦国時代から江戸時代にかけて、地域支配の拠点である城が、山間部の山城から平野部の平城へと移行するのは、その象徴です。

……（中略）……

こうして、列島社会は、戦国時代を通じて、自然や呪術的観念が支配する「未開社会」から、合理的・客観的観念のもと、積極的に自然に働きかける「文明社会」へとステップアップしたのです。これにともない、経済活動が活発化し、文字も普及しました。文明社会は、もちろん今日私たちが生きる世界でもあり、この視点から、江戸時代は、現在と断絶した時代ではなく、連続した時代としてとらえられることになったのです。すなわち、江戸時代は、チョンマゲ、チャンバラの、私たちが理解不可能な遠い時代ではなく、私たちと直接つながる、理解可能な地続きの時代となったのです。

（大石学『新しい江戸時代が見えてくる』吉川弘文館、二〇一四年、一〇～一一頁）

大石さんのように、いわゆる明治維新からはじまる西洋化＝近代化（文明開化）ではなく、江戸時代に「文明化」の過程を見出す研究は、多くあります。たしかに、「文明化」へ向けた動向が、江戸時代のなかで成熟したことは間違いありません。近代の文明を、「西洋文明」のみに収斂させて理解することは、近年ののアカデミズムの全体的な潮流から考えても時代遅れな見解といえるでしょう。しかし、仮に「日本文明」というものを想起した時、その起点は、もっと古い時代に見出されるのではないでしょうか。俗っぽいい方をすれば、平安京での貴族たちの生活や古代天皇たちの暮らし、中世大寺院の存在も、「文明」といえると思います。人びとが定住し、村を形成してくるなかで、「文明」は生まれてきたと考えるのが普通でしょう。明治期の学者や一般の人びとが共有した常識としての「文明」は、明らかに西洋文明のことを意味しており、その意味で明治維新の歴史的意味を評価することも必要でしょう。ですが、もう少し視野を広げてみることも大切です。「日本文明」について、「パクス・ヤポニカ」の可能性を検証した宗教学者の山折哲雄さんは、次の点に注目しています。

これまで私は、平安時代の三五〇年、江戸時代の二五〇年に意識的にスポットをあてるようにして論じてきたけれども、じつをいうとこの二つの「平和」の時代のあいだには、源平の合戦から江戸開幕にいたるほぼ四五〇年に及ぶ動乱の時代が横たわっている。南北朝の争乱をへて応仁の乱、そして織豊政権の成立をめぐる戦国時代である。そしてそのような観点から歴史の流れを展望するとき、この日本列島の社会が平安時代の三五〇年、中世期動乱の四五〇年、そして江戸時代の二五〇年、という大きなうねりのなかで形成されてきたという見取図が浮上してくるはずである。「平和」—「戦乱」—「平和」という歴史のリズムである。歴史の流れをかりに大いなる生命体の運動としてとらえるならば、それが戦乱と平和の交替の現象として地下水のような脈動をつづけてきたということがわかる。

（山折哲雄『日本文明とは何か』角川ソフィア文庫、二〇一四年、一四四頁）

山折さんは、とくに平安時代の三五〇年、江戸時代の二五〇年の「平和」、すなわち、「パクス・ヤポニカ」の創出の過程に着目し、そこに「日本文明」における「神仏共存」の姿を読み解いています。つまり、江戸時代は、「『新仏教』という名の革新の思想が一掃され」、「伝統的な『神仏習合』思想を完成させることになる『葬儀宗教』」が成立し、「先祖崇拝と氏神侵攻を両輪とする神仏共存の宗教、政治体制」すなわち、「平安時代の記憶をふたたび生き返らせる第二の神仏信仰の時代」となるという結論に至ります（山折前掲『日本文明とは何か』一八八〜一八九頁）。そして、この考え方の先には、アメリカ同時多発テロ以降の国家と宗教をめぐる問題、いわゆる「文明の衝突」を意識させる構図への追究があったことは、よく理解できます。

七 〝文明〟とは何か

では、「文明」とは、そもそも何なのでしょうか。その定義は非常に難しいものです。「文明」の対義語は「野生」や「未開」、あるいは「野蛮」ということになるでしょうが、近年の人類学の成果では、「未開」=停滞という理解は否定されています。となれば、「文明」の反対として、どのような用語を想定すればよいでしょうか。仮に、〝自然〟という言葉を設定してみたらいかがでしょうか。周知のように、原始以来、私たちは、〝自然〟に寄り添ったくらしを送ってきました。私がここでいう〝自然〟とは、地理的環境（風土）、天候、自然災害、山野河海など、人間のくらしの前提にあるもののと、それに寄り添いながら展開する生活そのものを指します。人間の野性・本能的な感覚に近いもので、「社会」やコミュニティとは、少し離れた概念です。そして、〝自然〟の対象にあるのが〝文明〟であると、とりあえず考えておきたいと思います。

なお、自然に寄り添うくらしというのは、農耕・定住的な社会を想定しません。むしろ、自然や環境にあわせた流動的な生活を指すかと思います。それは、「野生」や「未開」といい換えられるかもしれません。しかし、私自身は、あくまで〝自然〟という用語を使わせていただきたいと思います。なぜならば、「近代」化が達成された現代社会においても、「野生」や「未開」は存在しているからです。戦争やテロ事件、いじめや猟奇的殺人事件などの「未開」や「野生」的といえる醜い人間の行為が、現在もなお存続していることは明らかです。また、時代の転換を考える上では、「未開」「野生」という発展段階論的な図式も、もう使いたくありません。違和感のある方は、私のいう〝自然〟を「野生」「未開」という言葉に置き換えてくださっても結構です。ただ、〝文明〟の方が優れているという価値判断はもたないでいただければ幸いです。また、ハイエクが、古代ギリシア人以来の「自然」と「人工」の二分法を批判していることにも注意する必要があります（ハイエク・今西錦司『自然・人類・文明』ＮＨＫブックス、二〇一四年、一二二頁）。あくまで「すべての文明は、個人の行動規範の体系」です。〝自然〟を克服していくなかで〝文明〟が、次第に形成されていく過程に注目したいと思います。つまり、〝文明〟は、〝自然〟に対置されるものですが、完全に切り離されたものではありません。

さて、日本の前近代社会の人びとはいかにして、〝自然〟のなかにありながら、〝文明〟を形成してきたのでしょうか。この問題について、本書では具体的に深く考えてみたいと思います。

八　〝平和な時代〟と〝動乱の時代〟

先にも述べたように、「市場」や「都市的な場」が形成し、一般の民衆たちが「定住」生活を送るようになることは、〝文明〟に向けた胎動の大きなメルクマールの一つになります。これは、網野さんが注目した問題でありますが、この観点から南北朝期に「文明」の出発点を考えることが、妥当だと思います。私はこれまで近世の遠江の地方文書を中心に調査してきましたが、先祖の起源を南北朝期に求める家が多いように思います。遠江の場合ですと、徳川家康の由緒に自家の成立（なりたち）を求める家や社会集団も多いので、一見すると見逃してしまいがちですが、よくよく考察してみると、南北朝期までさかのぼる由緒をもつ家が少なくありません。

もちろん、従来の歴史学研究が重要視してきた太閤検地の画期性や、戦国時代の歴史的な意味を否定するわけではありません。むしろ、南北朝時代から戦国時代までの時代を転換期として一貫して理解し、連続性のなかでその推移をみなくてはならないのではないかと考えています。中村さんや網野さんが南北朝期に見出したものと勝俣さんの指摘はどちらも正しかったのでしょう。すなわち、南北朝期から戦国期までの二五〇年に及ぶ長い時代のなかで、日本社会は大きな転換を遂げていったといえるのではないでしょうか。もちろん、私の研究の中心は、遠州地方に限られていますので、現在のところその狭いエリアでしか確証をもちあわせません。しかし、南北朝期が、今日につながる生活革命が始動した時期であったことは、ほぼ間違いないと思います。この時期を境に、従来の〝自然〟中心的な生活様式と、高度に体系化された〝文明〟的な社会が、それぞれのかたちを明確化させ、相互に対立をはじめたと考えます。「都市的な場」が形成され、安定的な定住生活が送られるようになると同時に、文字による記録も残されるようになります。しかしその一方で、そうした時代の動きに抵抗する主体も少なからずあったのではないでしょうか。歴史は、単線的には進みません。社会の変革はある日突然起きるのではなく、緩やかに進行します。すなわち、南北朝期だけでは不十分であり、結局、戦国時代までその完全なる変革は達成されなかったのではないか。つまり逆にいえば、戦国時代になって本当の意味での社会的な変革が達成したと考えられないでしょうか。南北朝期から戦国末期までの二五〇年間、いくつもの人生が行き来したこの長い時期を、一つの転換期として一括して考えなくてはならない理由はここにあります。

なお、この二五〇年にわたる転換期は、平安・鎌倉の時代、さらには江戸時代の二六〇年の比較的〝平和な時代〟に対して、〝戦乱・動乱の時代〟ということができるでしょう。しかし、くり返しますが、私には日本列島史全体の問題として、これを考えるだけの力量をまだ有しておりません。あくまで、これまで研究を続けてきた遠州地方の事例にかぎって立論していきたいと思います。その時、転換の指標とするのは、「戦争」と「平和」という単純な図式だけではありません。社会構造そのものが、時代によって変化していることに注目する必要があります。しかしながら、社会構造の全体的な構造転換――かつて、安良城盛昭さんが卒業論文でやってのけたこと――をここで行う力量も、私にはありません。そこで、「アジール」という概念を尺度にして時代の転換を考えてみたいと思います。

九　「アジール」とは

「アジール」とは、「そこに入ればそれ以上罪を問われない空間」「遁れの場所」「避難所」などを指します。ヨーロッパの教会がもちあわせた権利が有名ですが、前近代の日本でも寺社が、犯罪者や訳あり者の遁れ先となっていました。江戸時代の仏教を、「堕落」ととらえる議論が昔からありますが、そう考えられる背景には、犯罪をおかした者が、出家して名前を変えて寺院に隠れ住む場合が多かったことも、その背景の一つにあるでしょう。

網野さんは、「アジール」を止揚させた、「無縁」という概念をもって、歴史の転換を把握しようとしました。その概要は省略しますが、「アジール」は、江戸時代になると消滅していくというのが、網野さんの基本的な理解です。しかしながら、近年、歴史学者の佐藤孝之さんが明らかにされたように、むしろ近世社会の方が活発に駆込寺として「アジール」が機能しています（『駆込寺と村社会』吉川弘文館、二〇〇六年）。佐藤さんは、江戸時代の駆込寺を「アジール」とは同一視しませんが、私は、「アジール」には、そもそも二種類あるように考えています。すなわち、犯罪の容疑をかけられた人が、どこへ逃げるのかということを考えてみましょう。一つの選択としては、人里離れた辺鄙な山里へと隠れ住むことが考えられます。実際、古い時代は、こうした事例は多かったでしょう。説話集にみられる話がそれを物語っています。また、それとは反対に人びとが集まる都市へと逃げ込むことも考えられます。最近の話では、オウム真理教の高橋被告らは、人の集まる都心部にあえて潜伏していたと報じられました。近代化が進んだ社会においては、マンガ喫茶や個室ビデオ店など匿名性が高い場所の多い都市の方が、田舎よりも潜伏先としてふさわしかったようです。

前者の方向性は、〝自然〟へと向かうアジール。かつて、私はそれを「ソトのアジール」と定義しました（拙著『アジールの日本史』同成社、二〇〇九年）。そして後者の方向性は、〝文明〟へと向かうアジール。すなわち、「ウチのアジール」といえるでしょう。「ソトのアジール」「ウチのアジール」は、どちらもあらゆる権力から身の安全を保障される、「アジール」にほかなりません。そして、それはある時期を境に、前者から後者へと中心となる軸が大きくシフトしていったと考えています。だとすれば、そこに〝自然〟から〝文明〟なるものへの大きな転換の軸が読み取れるのではないか、そのように私は考えています。

前置きはこの辺にします。早速、南北朝期から戦国末期の〝動乱の時代〟を遠江の人びとがどのように生きたのか、詳しくみていくことにしたいと思います。

第二章　遠江の南北朝動乱――井伊氏とは何者か――

一　「異形の王権」

さて、そもそも南北朝動乱期とは日本の歴史のなかで、どのような時期なのでしょうか。まずは、日本史の教科書の記述からみていくことにしましょう。山川出版社の『もういちど読む 山川日本史』（五味文彦・鳥海靖編、二〇〇九年、一〇四頁）では、南北朝動乱について次のように説明しています。

後醍醐天皇は天皇親政の理想のもとに、摂政・関白を廃止し、意欲的な新しい政治をめざした。その翌年の一三三四年に年号を建武とあらためたので、この新政治を建武の新政とよぶ。

しかしその体制は、中央に記録所と幕府の引付をうけついだ雑訴決断所をおき、地方に国司と守護をあわせおいたように、公武両政治を折衷したものであった。

一方、鎌倉幕府をたおし新政府に参加した御家人は、武家政治をのぞんだ。……（中略）……一三三五年（建武二）、北条高時の子時行の反乱（中先代の乱）を討つため鎌倉にむかった足利尊氏は、これを機会に武家政治の再興をはかり、新政府に反旗をひるがえした。尊氏は六波羅探題をほろぼしたころから、諸国の御家人との主従関係をつくりはじめ、新政府のもとでも勢力を増大させていたのである。

その翌年、尊氏は京都で持明院統の光明天皇をたてるとともに、建武式目を定めて施政方針を示し、一三三八（暦応元）年には征夷大将軍に任命され、幕府をひらいて武家政治を再興した。

こうして後醍醐天皇の新政治もわずか三年でくずれたが、天皇は大和南部の吉野にのがれて皇位の正統性を主張したので、こののち朝廷は吉野の南朝と京都の北朝とにわかれて対立することになった（南北朝時代）。

この時代を語るには、まず後醍醐天皇（一二八八～一三三九）という歴史上特異な天皇を紹介しておく必要があります。この時代の主役は、明らかに彼です。元弘三年（正慶二年＝一三三三）五月、北条高時ら北条氏一門が自害に追い込まれ、鎌倉幕府は崩壊し、後醍醐天皇による「建武の新政」が開始されます。後醍醐天皇のこの政権のことを「異形の王権」という印象的な言葉で説明したのが、網野善彦さんです。網野さんは次のように指摘します。

極言すれば、後醍醐はここで人間の深奥の自然――セックスそのものの力を、自らの王権の力としようとしていた、ということもできるのではなかろうか。たしかに後醍醐は「異類異形」の人々の中心たるにふさわしい天皇であったといえよう。

しかし非人の軍事力としての動員とこうした祈禱、「異類」の僧正への傾倒と「異形の輩」の内裏への出入。このような「異形」の王権はなぜここに現出したのか。この時期、非人はなお差別の枠に押しこめられ、「周縁」に追いやられ切ってはいない、と私は考えるが、その方向に向う力は強く働いていた。「性」についても、『天狗草紙』や『野守鏡』などの禅律僧に対する烈しい罵倒を通して、われわれはそれを暗闇に押しこめようとする動きが著しくなっていたことを知ることができるが、反面、そうした動向に対する野性的な反発も、またきわめて強力であった。後醍醐はそうした反発力を王権の強化のために最大限に利用し、社会と人間の奥底にひそむ力を表にひき出すことによってその立場を保とうとしたのである。

（『網野善彦著作集』第六巻、岩波書店、二〇〇七年、三六六頁）

網野さんが注目されたように、後醍醐天皇は歴代の天皇のなかでもきわめて異例の存在でした。怪僧文観（一二七八～一三五七）による立川真言のカルト教義による祈禱に熱心となり、異類異形の輩である「バサラ」「非人」らを組織して討幕に向かいました。この時期までは、「非人」は、差別される存在ではなかったといいます。後醍醐天皇の王権が、人間の本能的な性、「自然」や「野性」の力を背景に樹立されたものであることに、網野さんは注目したのです。

では、建武政権とは、どのような政治機構だったのでしょうか。建武政権も、鎌倉幕府の制度をある程度踏襲して、各地に守護をおきました。遠江国の守護となったのは、足利一門の今川範国（一二九五？～一三八四）でした。なお、『太平記』では、足利尊氏の弟直義に遠江国が与えられたとの記述もみられます。京都・鎌倉間の東海地方における中間点に位置する遠江は、室町時代のかなり早い段階から足利氏の影響下にありました。

建武政権は、そのはじまりの時点から、北条氏の反乱の鎮圧に大変苦慮します。なかでも、最大規模の反乱になったのが、中先代の乱です。この鎮圧にあたったのが、足利尊氏・直義兄弟でした。京都にいた足利尊氏は、急ぎ鎌倉に向けて出兵し、反乱軍の中心であった北条時行らを駆逐します。この反乱を鎮圧した足利尊氏は、鎌倉に留まり、今度は、後醍醐天皇に反旗を翻します。尊氏追討のため、急ぎ新田義貞が東下したため、建武二年（一三三五）末には、東海道筋で尊氏方の軍勢との合戦が頻発します。十一月末の三河国矢作川の戦いについで、十二月五日の駿河国手越河原の戦いなど、尊良親王・新田義貞軍と足利直義・高師泰軍の間で衝突がみられました。新田軍が、伊豆国府まで進むと、ようやく尊氏本人が軍を率いて鎌倉を出立します。そして尊氏軍は、駿河国竹下の戦いにおいて義貞軍に勝利します。これにより、義貞軍は西へ敗走し、尊氏軍が京都をめざし進撃することになります。

建武三年（延元元年＝一三三六）正月、尊氏は入京します。しかし、奥州からやってきた北畠顕家の軍勢に敗れて、九州へと逃げます。しかし、同年六月には再び入京に成功しています。かくして、建武三年の八月、足利尊氏によって光厳上皇の弟が即位し、光明天皇となりました。十月には、尊氏と後醍醐天皇は一端和睦を結びますが、同十二月には、後醍醐天皇は京都を脱出し、吉野山に拠点をおき、光明天皇を否定して自らを天皇と主張します。これにより、京都の北朝と、吉野の南朝による南北朝時代が歴史上に登場します。

以上が南北朝動乱までの基本軸ですが、網野さんの見解にもとづけば、自然・野性の力を背景とする後醍醐天皇らと、それに対する側（〃文明〃の側といっておきましょう）を背景とする北朝方の戦いといえるでしょう。後醍醐天皇の樹立した「異形の王権」は、自然・野性の側の、文明に対する最後の抵抗ということになります。

二　三方原御合戦

　建武四年（延元二年＝一三三七）には、南朝勢力が各地で戦闘を展開していくことになります。後醍醐天皇は、新田義貞らとともに尊良親王・恒良親王らを北陸へ、懐良親王を征西将軍に任命して九州へ、宗良親王を東国へ、義良親王を奥州へと、全国に自分の皇子たちを送り、足利軍・北朝方と戦わせました。『太平記』巻十九の「諸国宮方蜂起事」には、「遠江ノ井介ハ、妙法院宮ヲ取立マイラセテ、奥ノ山ニ楯籠ル」という文言がみえ、「井介」すなわち、井伊氏が宗良親王に奉じて戦いを繰り広げたことがわかります。井伊氏は、『吾妻鏡』などに、勝間田氏、横田氏と並んで、遠江に地盤をもつ有力な御家人でありました。しかしながら、なぜ、井伊氏が南朝についたのかは、実はよくわかりません。歴史学者の小和田哲男さんは、次のように指摘しています。

　井伊氏が南朝後醍醐天皇方となったのは多分に地理的なことがらが関係していた。というのは、井伊氏の勢力範囲に南朝大覚寺統の荘園および御厨が集中していたからである。たとえば、浜松荘は領家職が西園寺公重であり、また都田御厨も南朝の廷臣洞院実世の所領であり、気賀荘も修明院領（後

写真１　現在の三方原台地

鳥羽後院）だった。後醍醐天皇がこうした土地に注目したのは当然で、そこに皇子の一人を派遣し、南朝の拠点にしようと考えたのである。

（『湖の雄　井伊氏』静岡県文化財団、二〇一四年、七三～七四頁）

たしかに、井伊氏が南朝方についた理由には、都田御厨など南朝に近い荘園が多くあったことがあるかもしれませんが、それだけでは説明しきれない問題があったように思います。もっと社会の底部に、根本的な要因があったような気がしてなりません。ですが、この問題について、いきなり大上段に構えて、その解明に向けてアプローチするのはナンセンスです。井伊氏の歴史的な性格をみていく上で、自然とこの謎のヒントが得られていくでしょう。

延元二年（建武三年＝一三三七）六月九日の北畠親房の書状には、「然《しかり》て国中無力に察し存じ、なお遅々に及ぶは、不日軍勢を卒《ひき》いて関東凶徒を追討し、遠州井輩と引き合わせ、静謐せしめ、遠江以東は諸国対治ほどなしか」とあります（『県史』中世二〔以下、『県史』二と略す〕—一六〇号、読み下しは夏目。以下同様）。ここでの「遠州井輩」とは、明らかに井伊氏のことを指しており、関東勢を食い止める上で、井伊氏の勢力に大きな期待が寄せられていたことがわかります。建武四年（延元二年＝一三三七）七月四日、北朝方の今川範国の軍勢と、南朝の井伊氏の軍が三方原において激突します。これは、同時代の史料の上でも、はっきりと「三方原御合戦」と書かれています。私たちがよく知っている三方ケ原の戦いは、元亀三年（一五七二）十二月二十二日に起きた、武田信玄と徳川家康の合戦ですが、その二三〇年以上前にも、もう一つの三方原の戦いがあったことがわかります。この合戦のことを記した文書が三通ありますので、ここで引用しておきましょう。

目安　遠江国御家人三和次郎右衛門尉光継申軍忠間事
右、今月四日三方原御合戦の間、光継先懸を懸け数多の御敵の中に入り、身命を捨て散々に戦を致し、凶徒を切り捨て畢《おわんぬ》。同所合戦の間、此段、高木左衛門三郎と柴孫五郎が見知りおわる者《てへり》。御尋は其《その》跡恩に有るべからず。早く御証判を下し賜り後鏡の備えと為す。恐々言上、如件《くだんのごとし》、

建武四年七月四日　（花押：今川範国）

承了、

（『県史』二—一六二号）

山城国御家人松井八郎助宗申軍忠の事、今月四日建武四、遠江国①井伊城前於三片原御合戦、忠節を致し、御前先に懸り、御敵の頸を取る。井伊一族と云々。其外凶徒両人切落し畢、此条横地治部丞・朝夷彦

五郎見知り訖《おわんぬ》。然らば後証として御証判を下し賜り、いよいよ軍忠を致し勇を成さんとす、恐惶謹言、

建武四年七月五日

「（証判）見知了、（花押：今川範国）」

（『県史』二―一六三号）

遠江国御家人内田下郷孫致景申す軍忠の事

右軍忠、当年建武四七月十三日、当国②於井伊御嵩（三岳カ）〔　〕御供仕まつり、壁際に責め寄せ、散々に軍忠を致すに依り、致景妻手二中弓手足〔　〕陽明に向け射通せられ候訖《おわんぬ》。此条御見知りの上、次《つい》で藍原六郎幷に御合戦奉行富永孫四郎左衛門尉、同じく以て見知り候訖。此の如く忠節他に異なるの上は、且《かつ》は御注進を預かり恩賞を浴し、且は証判を下す。武勇の亀鏡となす、恐々言上、如件、

建武四年七月　日

承了、判（花押）

（『県史』二―一六七号）

この三通は、いずれも三方原合戦の功績に対して、恩賞をもらい受けるために御家人たちが自ら作成したものです。今川範国の「証判」があり、この要求が受け入れられたことが確認できます。ここで、「井伊城前」の「三方原」で「御合戦」という傍線部①にみられる認識は、当時の空間認識を考える上で重要です。三方原台地が、井伊城（三岳城を指すと考えられる）の「前」に広がるエリアを指すのだと、当時考

えられていました。傍線部②に「於井伊御嵩」とあるのは、欠損もあって定まりませんが、三岳城のことを指しているると考えてよいでしょう。

この史料から井伊氏に対して、東海地域の御家人たちが蜂起していく様子が伝わってきます。南朝方の井伊氏は、こうした勢力に押されて、次第に力を減退していきました。そして、いよいよ井伊氏の本拠地である「井伊城」も攻撃を受けることになります。このことは、三ケ日町の大福寺に所蔵されている『瑠璃山年録残編裏書』のなかに、次のようにあります。

七月六日、井ノ城ニ押寄テ之ヲ責、

（『県史』二―一六四号）

先ほどの史料には、七月十三日とありましたから、わりと長い期間戦闘状態にあったと考えられます。その後も、今川範国によって井伊城攻めは進められます。延元三年（暦応元年＝一三三八年）五月二十七日に、今川範国は、駿河国池田郷と香貫郷正税を「井伊城責兵粮所」として、松井氏に給与しています（『県史』二―二〇三・二〇四号）。これを受けて、松井助宗は、同じ年の七月二十三日、「於遠州井伊城中手、散々合戦」に及んでいます（松井助宗軍忠状写「松井文書」『県史』二―一一五号）。井伊方と今川方との戦闘は、かなり激しくなっていたことがうかがえます。三方原の戦いは、そのうちの最大規模のものであったのでしょう。しかし、なぜ、三方原が戦場となったのでしょうか。この問題を考えるには、この戦いの内実がどのようなものであったかを考えてみなくてはなりません。

そもそも、この戦いでは、街道沿いの有力な御家人たちが北朝・今川方として戦っていることに注目する必要があります。蒲冠者の由緒で知られる蒲氏も、北朝について井伊氏と戦いました。蒲神社文書のなかには、建武三年（延元二年＝一三三七年）十一月の着到状があり、蒲御厨惣検校清保が、遠江守護今川範国に与して合戦に臨んだことがわかります。

では、一方の井伊氏の側についたのは、どのような人びとであったのでしょうか。この点については、史料がほとんどなく、その実態は不明といわざるをえません。ただし、井伊氏は先程の「三方原御合戦」で敗れて以降、井伊城（三岳城）のある引佐地方の山間部の方面に撤退しています。これは、その主要な勢力基盤が、浜松市南部の平野沿岸部ではなく、北部・山間地帯にあったことを明らかに物語っています。

さて、ここで、一つの大きな仮説を提示してみましょう。南北朝期に井伊氏に従った人々の多くは、引佐地方の山中に住む人たちでした。彼らは、普段は山のなかで日々の暮らしを細々と営んでいたと思われます。四季折々の気候に合わせ、あちらこちらを遍歴してまわっていた人々もいたでしょう。鍛冶や鋳物師、大工など職人として生計を立てていた者もいたでしょう。彼ら、山で生活していた人々のことを、ここでは「山の民」と総称したいと思います。井伊氏というのは、引佐地方の山間地帯に勢力を張っていた有力な一族です。だとすれば、井伊氏は、山を生活の基盤として暮らしていた「山の民」たちの族長的な存在であったのではないでしょうか。もし、井伊一族とそれに追従する者たちが「山の民」だとしたら、この三方原の戦いは、全く違ったものにみえてきます。

すなわち、この戦いは、教科書的にいえば、今川氏による井伊氏の討滅ということになると思いますが、その実は、街道沿い平野部に拠点をもつ御家人とその従者たち（「都市民」）による、井伊氏を中心とした

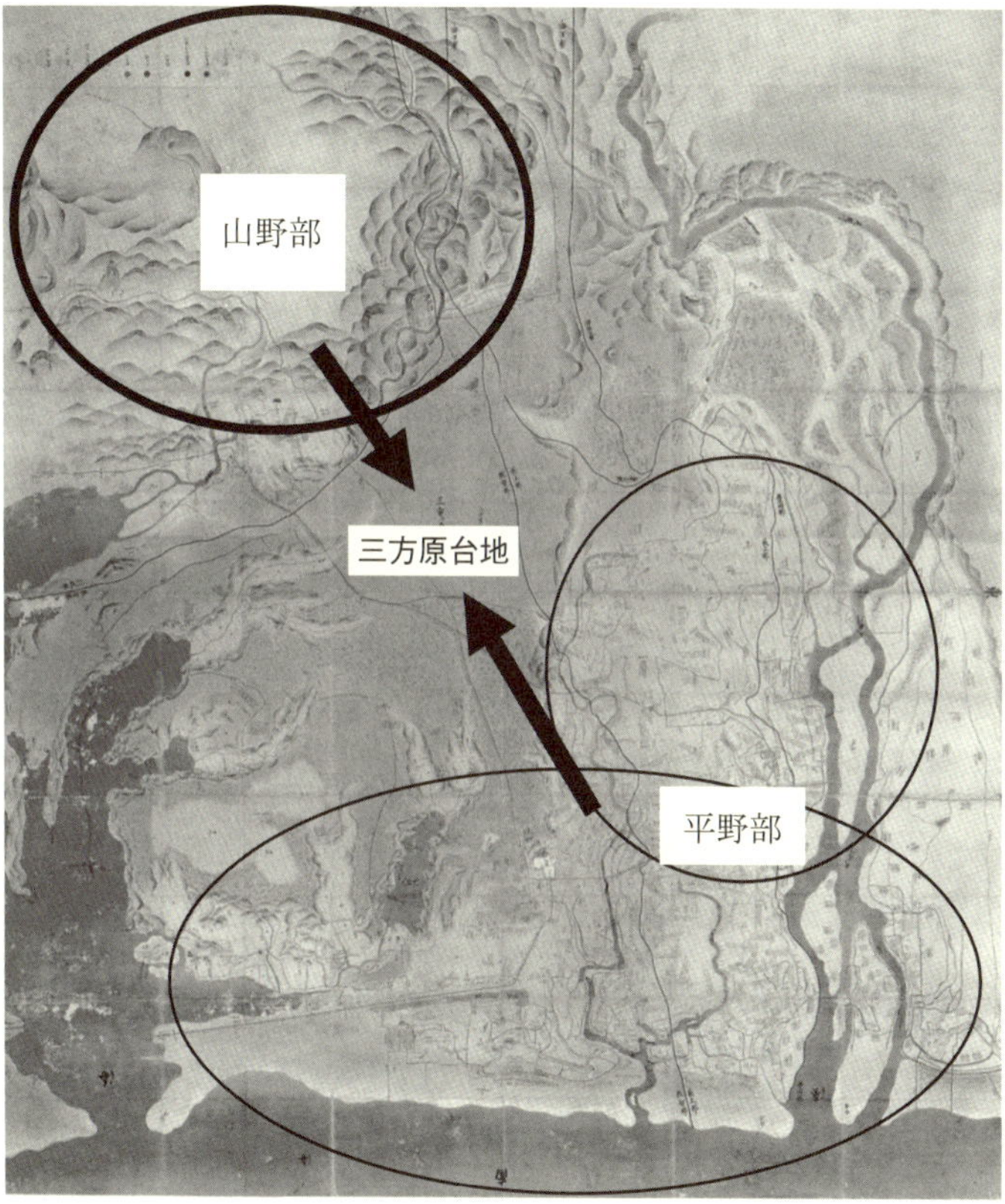

図1　三方原台地を中心とした遠江国の概念図
浜松藩領絵図（浜松市博物館蔵）をもとに作図した。

山間の人びと（「山の民」）の討伐だったと考えることができます。もし、このように理解することが許されるならば、南北朝期の「三方原御合戦」の戦場が、ほかならぬ三方原台地であった理由が自ずと明らかになります。次の絵図（図1）をみてください。この絵図は、江戸時代初期に浜松藩によって作成されたものです。南北朝と江戸で時代は大きく違いますが、地形自体はそんなに大きく変わっていないと思います。三方原台地周辺が人の住まない野原の広がるエリアであったことがよくわかります。これは、いわゆる「無主・無縁」の地です。また、引馬や蒲御厨を中心とする平野部と天竜・引佐地方の山間部との間の中間点（境界点）にあったことが確認できます。「平地民」と「山の民」が衝突しあうには、誠にふさわしい場所だったのです。これは、やや過激な言葉を使えば、文明史・民族史的な衝突が、十四世紀前半のこの遠江の地で、生じていたことを物語っています。この話については次章で詳しく述べることにして、ここでは戦況の変化を追うことにしたいと思います。

三　宗良親王と井伊氏

井伊氏は北朝方によって執拗な攻撃を受けました。しかし彼らもやられるがままではなく、北朝勢力に攻撃を加えました。大友一族の狭間正供という武士が、建武五年（延元三年＝一三三八年）の三月十六日に摂津国天王寺・安倍野原で行われた合戦で、「遠江国井介手者生捕」にしています（「大友文書」『県史』二―一二〇九号）。「井介手者」とは、文字通り、井伊介の手の者ということであり、井伊氏の一派であるとみて間違いないでしょう。井伊氏はかなり広い範囲で活動していたことになります。こうした、広い範囲で戦闘を繰り広げることができた理由は、どこにあるのでしょうか。ここに、井伊氏とその一派の人びとの生活形態のなぞを紐解く鍵があるのではないかと思います。

さて、遠江におけるその後の南北朝動乱をみていくことにしましょう。延元三年（一三三八）の秋、宗良親王が、遠江に到着します。この時の様子について、宗良親王の歌集『李花和歌集』には、次のようにあります。

延元四〔三〕年の秋の比にや、伊勢より舟にのりて遠江へ心さし侍しに、天竜なたとかやにて浪風なへてならすあらく成て、二、三日まておきにたゝよひ侍しに、友なる舟ともゝみなこゝかしこにてしつみ侍しに、からうしてしろわの湊といふ所へ波にうちあけられて、われにもあらす舟さしよせ侍しに、夜もすから波にしほれていとたへかたかりしかは、

いかてほす物ともしらすとまやかた　かたしく袖のよるのうら浪

（『県史』二―一一二号）

この文章にあるように、宗良親王は、遠江国白羽湊に漂着しました。しかし、すぐに井伊氏のいる引佐地方の井伊城（三岳城と推定される）へと入っています。最初から、井伊氏を頼って遠江に向かっていたと思われます。井伊城に入ってからの宗良親王は、次のような和歌も詠んでいます。

延元四年の春にや、遠江よりはる〳〵のほりて都へと心さし侍しも、御かたのいくさやふれにしかは、吉野行宮にまいりてしはらく侍しかとも、猶あつまのかたにさたすへき事ありて、まかり下へきよし

おほせられしかは、その秋の比かへりて、井伊城にてよみける、
なれにける二たひきてもたひころも おなしあつまの嶺の嵐に

(『県史』二-一三八号)

なお、宗良親王が井伊城にいる間に、後醍醐天皇は亡くなります。暦応二年(延元四年=一三三九年)八月十五日のことです。この知らせを受けて、宗良親王は次のように詠んでいます。

延元五〔四〕年八月十六日に先帝かくれさせ給ぬるよし、ほのかにきこえしかとも、さらに猶まことにもおほへ侍らて、日かすを送り侍しに、いつかたよりの風のをとつれもおなし悲のこゑにのみきこえしかは、一かたに思ひさため侍につけても、いと〻夢の心ちして、さらてたにさひしかりし山の奥のすまゐとも〻いか〻とおほつかなけれは、長月のすゑつかた、空もれいよりはかきくもりて、われ〳〵か中の時雨もひまなかりける比、涙の色の紅もおなし千しほにやなと思ひやられしかは、秋の時雨とちり〳〵にならぬやうに申さたあるへきよしなと、別当資次卿のもとへ申しつかはす次に、井伊城にありし紅葉を一はつ〻みくして
思ふにも 猶色あさきもみちかな そなたの山は いか〻しくる〻

(『県史』二-一三七号)

ここで、宗良親王が「山の奥のすまひ」である井伊城にて、紅葉を一葉とって「そなたの山は〜」と詠んでいます。これは、井伊城での宗良親王のくらしが、山の生活にほかならなかったことを示しています。『瑠璃山年録』では、宗良親王と井伊氏の遠江における戦況は、どのように推移していったのでしょうか。『瑠璃山年録

残編裏書』によれば、暦応二年（延元四年＝一三三九年）七月二十二日、高師泰（「越後殿下」）軍が大平城に向かって出立し、高泰兼軍（「尾張殿」）が「浜名手」に向かって進撃し、同月二十六日には鴨江城（「かもへの城」）を攻略しました。十月三十日には、千頭ケ峯城が落城しました。

また、引佐地方の山間北部の各地には、南朝の拠点となった山城にまつわる伝承が残っています。たとえば、田沢城（天山城）には、井伊氏の分家である田沢頼直・通直という城主がおり、宗良親王・井伊道政方について戦ったといわれます。このほかにも、引佐地方の山間各地で井伊氏の親族らが北朝方に対して抗戦をくり返していたと伝わります。こうした史蹟の掘り起こしも、戦前の南北朝（吉野朝）ブームのなかで明らかにされたものですが、結局、井伊氏の勢力は掃討され、三岳城・大平城も陥落します。『瑠璃山年録残編裏書』は、このことを次のように伝えています。

写真2　天山城遠景

正面にみえる山が、天山城（あてやまじょう）。南北朝期の山城は、人里離れた地に築かれた。

同次（暦応三年）正月卅日、ミタ□城追落畢、同次年八月廿四日夜、
大平城□落□□、但当国守護 新木（仁木） 殿落給、
（『県史』二―一二四七号）

井伊氏の没落のニュースは、すぐに鶴岡八幡宮にも伝わりま

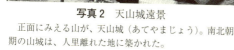

写真3　佐久城

浜名氏拠点をおいた佐久城。「歌学」の家として著名であった浜名氏を慕い、多くの文化人が訪れたという。

す。「鶴岡社務記録」に、「二月、遠江井伊城没落之由、高越後幷仁木右馬助馳申之了」（『県史』二―二四九号）とあります。これにより、北朝方の井伊氏討滅は、ひと段落つきました。

四　遠江の在地有力者たち

さてここで、井伊氏以外の遠江の有力な一族がどのような行動をとったのか、少しだけみておくことにしましょう。同時代史料が乏しく、実態はみえにくいですが、遠州の代表的な有力者（「国衆」といいます）である浜名氏、大沢氏の動向もみておくことにしましょう。浜名氏は、遠州浜名湖周辺に拠点をもつ名門一族です。室町幕府の奉公衆として、将軍の警護役として近侍するなど、遠州随一の有力者でした。浜名氏は、「佐久城」を拠点として広い範囲に勢力をもちましたが、とくに歌学に秀でた文化人の家系として有名でした。当代の名だたる歌人が、遠州に来訪したのは、浜名氏がいたからのようです。その意味では、京都の公家社会を中心とした〝文明〟を体現する主体であったということができるでしょう。

大沢氏も、浜名氏と同様に浜名湖の近くに拠点を有し、室町幕府のなかで活躍していきます。大沢氏は、後に、江戸幕府の高家旗本の筆頭として、諸大名への儀礼の指導役という重役を担う家柄になります。これは、今川氏亡き後、徳川氏に従った大沢基胤の存在が大きかったのですが、古くは今川氏と結びつき、朝廷公家の文化的な教養を体現していたことが考えられます。ちなみに、『寛政重修諸家譜』によれば、大沢氏は持明院左中将基盛の子である基長を祖とし、丹波国大沢の地を領主としていたが、左衛門佐基秀の頃、貞治年中に遠江国に下向し、堀江城を居城としたとあります。この大沢一族も、北朝方として井伊氏に敵対しました。そもそも、大沢氏は今川氏と深い親交をもつ一族でしたので、今川が滅亡するまでそれに従っていきます。

こうした敵対勢力に囲まれ、遠州における南朝勢力の中核であった井伊氏は、結局、北朝方の攻撃に敗北していったと考えられます。宗良親王は、井伊氏の最後の拠点である大平城が落城した後、越後・信濃へと下っていきます（地元には、龍潭寺で宗良親王の葬儀を行ったという記録も残っています）。では、宗良親王がいともたやすく信州へと落ち延びることができた理由はどこにあるのでしょうか。それは宗良親王を案内した人々——彼らは山に詳しい人々、すなわち「山の民」——がいたからにほかなりません。

結局、南北朝動乱期における遠江の攻防戦は、井伊氏の敗北という結果をもって終焉に向かいます。この後の井伊氏については、史料が乏しく、断片的なことしかわかりません。しかし、『伏見宮御気負録』の「南山御出之次第」にみられる、明徳三年（一三九二）閏十月、後亀山天皇に従って吉野から大覚寺に近侍した人びとのなかに、「井谷住人」の名がみえます（永原慶二「南北朝内乱」『岩波講座　日本歴史6　中世二』岩波書店、一九六七年、九九頁）。この「井谷住人」が、井伊氏のことを指すかどうかは不明ですが、

「井伊谷住人」であったことは間違いないでしょう。ここで「井介」ではなく、「井谷住人」となっていることには大きな意味があると思います。これは、明らかに不特定多数を指しているので、井伊谷周辺に南朝に味方した「住人」が多くいたことが想定されます。いずれにせよ、井伊谷の住人たちが、最後まで南朝について行動していたことがわかります。

五　井伊氏の出自をめぐる謎

南北朝の動乱は、おおよそ右のような展開でしたが、地元には、井伊道政の娘の話や、「尹良親王」についての話など、さまざまな伝説が語り継がれています。江戸時代の在村知識人たちは、こうした事績について『南朝紀伝』や『桜雲記』『太平記』などを読み込み、一つ一つ考証していきました。歴史学者の若尾政希さんは、『「太平記読み」の時代』（平凡社、一九九九年）のなかで、十七世紀の歴史意識、社会通念の形成過程を論じていますが、この視点は、日本史全体を考える上できわめて重要だったと考えます。南北朝期の動向は、『太平記』などの流布を通じて、広く日本の人びとに共有されていくことになりました。しかしながら、流布するには、それなりの理由があったのでしょう。そこには、人びとを魅了する何かがあったと考えるべきです。

南北朝合一の時期まで、南朝に味方して戦っていた「井谷住人」等でありましたが、十五世紀には、地域との結びつきを強める動きもみられるようになります。応永十六年（一四〇九）二月二十九日の渋川六

写真4　現在の川名周辺

写真5　現在の渋川寺野周辺

所神社の棟札に「大旦那藤原朝臣直秀」（井伊直秀）の銘がみられます（ただし、干支に誤記がみられます。『県史』一一四三〇号）。さらに、「井伊家遠州渋川村古跡事」（龍潭寺蔵）のなかの「棟札銘写」によりますと、応永三十一年（一四二四）十一月十三日には、龍潭寺（ただし、当時「龍潭寺」はまだない）の鎮守八幡宮が修造され、翌年には、井伊直秀の子直幸・直貞によって、渋川の「万福寺」や鎮守三島社などが造立されたといいます。川名の福満寺の「薬師如来座像銘」にも、同三十三年（一四二六）十一月十五日、「大檀那藤原朝臣直貞」の名がみられますから、これはほぼ間違いないでしょう。また、井伊直貞らは「当村居住」とされており、引佐地方の山間部（具体的には、川名や渋川付近）に拠点を有していたことがわかります。

川名や渋川、伊平は、引佐町内の山間部ですが、写真4・5からもわかるように、現在でも山深い地域です。こうした山間地域も、「井伊郷」「井伊庄」「井伊保」などと呼ばれ、古くから井伊氏の勢力下にありました。

ちなみに、井伊氏は、古代より井伊谷に拠点を有していたと考えられています。十一世紀にこの地を領したとされる井伊家始祖共保の活躍以前にも、この地に「王」が存在していたことが、考古学者の辰巳和弘さんによって指摘されています（『聖なる水の祀りと古代王権 天白磐座遺跡』新泉社、二〇〇六年）。実際、「天白磐座遺跡」や、井伊谷古墳群など、そのことを物語る史跡は数多くあります。しかしながら、中世の井伊氏の拠点が、果たして定まったところにあったのか、私は疑問に思います。もし、井伊氏の拠点が井伊谷という狭い範囲に完結していたとするならば、引佐郡域全体にわたるエリアを支配できたとは到底思えません。井伊氏は、その拠点を引佐地方の北部に広がる山間地帯に有していたと考えるのが妥当なのではないでしょうか。むしろ、引佐地方の山間部の広いところに点々と拠点を有していたのではないでしょうか。

もちろん、地域の事情に詳しい読者のなかには、地名「井伊谷」から派生して井伊郷が生まれたのではないか、と指摘する方もいらっしゃるかと思います。しかし、引佐地域の広い範囲が、「井伊郷」と呼ばれていたことからもわかるように、これをもって井伊氏の姓名の根拠とするには、やや問題が残ります。もう一つ、地元のことをよく知る方からは、井伊谷の龍潭寺門前には、井伊氏の始祖である井伊共保出生伝説をもつ井戸がある。だから、井伊谷が井伊氏の発祥であることは間違いない、という意見も出てくるでしょう。私は、井伊共保がこの井戸にゆかりがあったという説を否定するわけではありません。しかし、むしろ、『井伊家伝記』に、次のようにあることを重要視したいと思います（なお、本書における「井伊家伝記」の引用は、すべて『彦根開府四百年記念出版　井伊家傳記　上下』（たちばな会、平成十一年）の翻刻・読み下し文に従いました。ただし、一部、修正したところもあります）。

　評曰

共保公、井中出生は奇怪非常のこと故、後世、由来考えず懸惑之輩議論多端也。或は云、前備中守共資公、井伊谷八幡宮社参の節、嬰児井辺に之れ有るを養育とも云う。或は又、共資公遠州に謫され、一子を設けて八幡宮社参の節、井辺に捨て置き介抱養育とも云う。是等数多の説、井伊谷八幡宮境地を見ず、由緒を知らざる不覚の輩、只共保公井中出誕不思議とばかり思う故、色々と評判之れ有ること也。先の共資公在城の地村櫛と云う所は、井伊保を隔つ事三里余之れ有る上は、実子を捨て申し候道理之れ無き事也。井中より出誕の事は八幡の神霊、井中化現の奇瑞に疑う事之れ無し。其証拠は共保公出誕の後、井伊保山中の民家に七歳迄は御成長成され候を、村櫛在城の領主備中守共資公、井中出誕の奇瑞のこと御聞及び成され候て、七歳の節養子になされ候ことは、井中出誕奇瑞、引佐郡中に隠れ之れ無き故、養子に成され候こと也。

この記述のなかで、共保の出身が「井伊保山中の民家」となっている点に注目したいと思います。井伊谷は、水田が広がる盆地ですが、古くは「山中」と認識されていたことがわかります。実際、井伊谷川より北側に入ると、すぐに山間の地帯が広がりますし、現在でも井伊谷の所々に山林がみられます。しかし、この「山中」という言葉には、井伊谷から北に広がる旧引佐町に続く地域が含意されているように思えてなりません。

六　〝自然〟に生きる人びと

この地域は、引佐地方と呼ばれますが、古くはまとめて「井伊郷」とされていました。そして、遠江井伊氏は、古くから、この井伊郷（＝引佐地方）の「山中」全体に拠点をもって成長した一族であったと考えられます。井伊氏の本城である三岳城（井伊城）が、典型的な山城であることもその理由の一つですが、中世の井伊氏の足跡をたどっていくと、井伊氏が、引佐地方の山間部において、成長してきたことを裏付ける史跡が多くみつかります（これは後で詳しく述べます）。なお、「井伊保《いいのほ》」という表現も、「井伊郷」「井伊庄」などと同様な使われ方をしており、少なくとも十五世紀には、引佐地方一帯を指す呼称として定着していました。とくに、龍潭寺では、古くからこの地域を指す言葉として「井伊郷」「井伊庄」ではなく、「井伊保」という表現を使っていたようです。このことは、井伊氏の出生を推察する上で、きわめて重要です。すなわち、井伊氏の出自は、『井伊家伝記』の記事にあるように、国司として遠江国に派遣され、志津城を拠点にした藤原共資という人物が、井伊保山中の民家で暮らす小児を養子としたことによります。ここで、「民家」とされていることも重要です。井伊家の始祖共保は、引佐地方に暮らす在地の民に、その出自をもつと考えられてきたことがわかります。この点を全く根も葉もない伝説として見逃してしまうわけにはいきません。

　では、この話は、どういう史実を反映していると考えるべきでしょうか。すなわち、藤原共資を「国司」や「巡検使」とした場合、井伊共保は、広域地を領する上での便宜のため、引佐地方の支配を分担された在地の開発領主と考えるのが妥当でしょう。すなわち、十一世紀の井伊氏は、「井伊庄」の領主ではなく、それよりも公的な要素の色濃い「井伊保」の代官である「保司」という立場であったのではないかと思われます。井伊氏の出生にまつわる共資・共保の伝

写真6　井伊谷龍潭寺の門前にある井伊家始祖共保出生の井戸

説は、こうした史実を反映したと考えるのがもっとも自然でしょう（もちろん、あくまで「伝説」なので確証はもてませんが）。いずれにせよ、井伊氏の出自を、井伊谷周辺のみに限定してみる見方は、ナンセンスだと思います。そもそも、井伊直盛よりも前の時代、井伊直平や直宗の拠点は、明らかに引佐地方山間部の川名周辺にありました。また、直宗の妻（すなわち、直虎の祖母）である浄心院は、久留女木に如意院という寺院を建て、三河田原城攻めで戦死した夫の菩提を弔ったといいます。浄心院の世話をした村人たちは、隠居免として年貢の免除を受けたので、彼女を「大神様」として祀ったといい伝えられています。これは、直平・直宗の時代、井伊家の惣領筋の拠点とする場所が、必ずしも井伊谷ではなく、もっと山間部に置かれていたことを示しているように思えてなりません。

また、くり返しますが、「井伊郷」「井伊庄」「井伊保」が、中世には、井伊谷を含む旧引佐郡域のほぼ全域を指す呼称として用いられていました。引佐地方は北部と南部で周辺の環境に大きな違いがあるように感じますが、実際には北部にも遠江井伊氏が、かつて渋川や川名、伊平に、古くから地盤をもっていたことを示す痕跡がいくつもあります。たとえば、旧渋川小学校の北西部にある「スロウ」と呼ばれる丘陵地周辺は、渋川城址とみられています。「殿垣内」「堀垣」などこれにまつわるとみられる小字名も残っています。また、城址の北側の高台には、「渋川のボダイジュ」といわれる菩提樹（浜松市指定天然記念物）があり、そこには、井伊直之・直貞・直秀・直幸・直親らの墓があります。こうしたことから判断するに、中世、この周囲に井伊氏の居館があったことは、ほぼ間違いないと思われます。「井伊家遠州引佐郡渋川村古跡之事」（龍潭寺蔵）には、当地に古くから伝わる中世の棟札銘などが写し取られていますが、そのなか

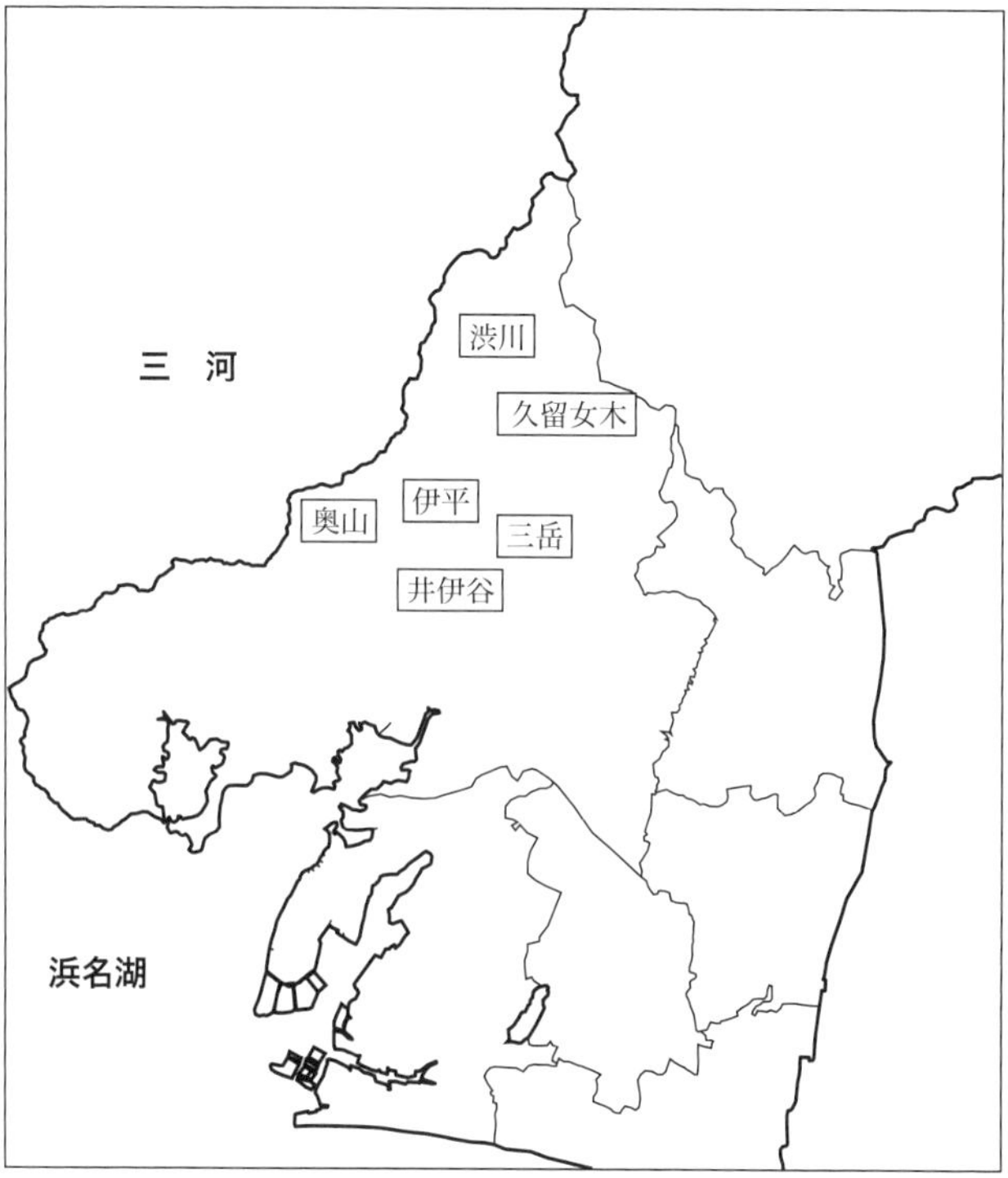

図２　浜松市周辺地図

には井伊氏の名前も確認できます。

いずれにせよ、共保の時代のことは定かではありませんが、南北朝期から十四世紀ころにかけて、井伊氏が「山中」に拠点をおいて、成長していたことは間違いないとみられます。それは、南北朝期に三岳城（井伊城）に拠点をおいていたことからもわかります。このほか、詳細は省略しますが、川名の福満寺や渓雲寺にも、遠江井伊氏にまつわる記録がありますし、古くから鍛治の職人集団が集住していたとみられる伊平にも、井伊氏の一つの拠点（伊平城）があったことが推測されます。これらは、井伊家の分家筋の居城として考えられてきましたが、そう固定的に考えなくてもよさそうです。井伊直平・直宗・直親までは、井伊谷に定住していたのではなく、こうした引佐地方の山間部に広く拠点を置きつつ、生活していたと考えるのが自然でしょう。井伊氏は「山の民」で

写真 7 川名周辺

写真 8 渋川周辺

あったのです。

さて、北朝方勢力によって掃滅された井伊氏は、十五世紀の前半になると、ようやく再興してきました。鎮守の棟札のなかで、井伊氏が「藤原」を名乗っていることに、注意しておく必要があります。鎮守の棟札は、いわば地域の人びとに向けたものでありますが、ここで井伊氏が「大檀那」「藤原」とあえて書いていることが注目されます。つまり井伊氏の場合、「藤原」姓は、上位権力に対してではなく、民衆たち（もちろん、「山の民」）に対して主張されたものであることがわかります。井伊氏は「信濃守」などの受領名にこだわり、藤原姓を重視する理由はどこにあったのでしょうか。そこに、「山の民」たちを引き連れることを可能にした論理が介在しているように思えてなりません。

以上のように、井伊氏が、今日の引佐町にほぼ匹敵する広い範囲に力を有していたことを確認しました。この地域は、奥三河・南信濃に連続する山間の集落が点在する場所です。〝自然〟に恵まれた山深い地域です。現在では、新東名高速道路の開通にともない、景観が随分と変わっていますが、つい数年前までは広大な〝自然〟が連綿と続いていました。井伊氏は、〝自然〟が広がる雄大な山間部において勢力を張っていました。言い換えれば、井伊氏は、井伊谷の背後にある〝自然〟を大きなよりどころとして、この地に君臨していたといえるかもしれません。それは、生活の様式がこの地域に規定されているということともに、この〝自然〟を隠れ家として巧妙に活用し、成長してきたことを意味します。すなわち、井伊氏は、〝自然〟の側で成長してきた一族といえます。井伊氏は、十五世紀まで、いつも書かれる側であり、史料を残しておりません。もちろん、井伊谷や引佐地方の山間のどこかに拠点を有していたでしょうが、全体と

写真9 現在の引佐町田沢付近

写真10 現在の都田周辺

しては非定住的な生活をしていたことが、文字を残さなかった大きな要因といえるかも知れません。

しかし、そんな井伊氏も、十五世紀初頭から平野部へと勢力を伸ばそうとしていきます。十五世紀の井伊氏の行動は、井伊谷から一里ほど離れた都田御厨との関係から考える必要があります。都田御厨は、水田の広がる平野部の地域であり、古くから伊勢神宮領として発達しました。井伊氏は、この都田御厨に影響力をもちつつ成長してきました。都田川の水資源に恵まれ、豊富な稲作水田地帯であった都田御厨は、井伊氏にとって重要な経済基盤でした。この点については、小和田哲男さんも注目していますが、井伊氏が古くから、都田御厨に拠点をもっていたことは、康正元年（一四五五）五月のものと推定される、伊勢大宮司が都田御厨に年貢を催促した文書のなかに、「井伊殿知行之時」という文言がみえます。よって、井伊氏がこれより前の段階で、この地を「知行」（支配）していたことがわかります。十五世紀中頃には、井伊氏は都田御厨から撤退していたと考えられますが、その後も、井伊氏の都田御厨や刑部御厨への進出は進められていきました。そして、少なくとも十六世紀までには、刑部・都田一帯に大きな勢力を張ることに成功します。その点は、次の章で詳しくみていくことにしましょう。

第三章　遠江の〝自然〟と〝文明〟
――文明社会への始動――

一　江戸時代は文明化した社会

さて、ここまで、南北朝動乱とその後の遠江について、主に政治的な文脈からみてきました。南北朝期の勢力図は単純ではありません。政争の連鎖がこの時代を不鮮明にしていますが、社会の構造に焦点をあてれば、よりわかりやすくこれを理解することができるようになります。すでにこの動乱の背景に「平地の民」「都市民」と「山の民」たちとの対立があったことを暗示してきましたが、本章ではこれをより明確に位置づけていきたいと思います。

最初にも述べましたが、日本史において、「文明の形成」というと、一般的には、明治時代を中心とした「文明開化」の動向が想起されると思います。しかしながら、それ以前にも、日本は確実に「文明化」の歩みを進めていました。もちろん、維新における「文明化」「西洋化」「近代化」を決して軽視するわけではありませんが、江戸時代の識字率の高さや貨幣経済の浸透、官僚制機構の形成、「首都」機能をもつ中心的な大都市の誕生などを考慮した場合、総体として日本の江戸時代を、「プレ近代」「アーリーモダン」などと規定できるかもしれません。実際、そういう考え方は、今日よく聞かれます（大石学『新しい江戸時代が見えてくる』〔吉川弘文館、二〇一四年〕など）。私自身は、地域社会をフィールドとしていることもあり、西洋の「近代化」の尺度をもって日本の江戸時代をはかること、すなわち江戸時代＝近代を準備した時代と考えることには疑問があります。しかし、「近世」と呼ばれてきた日本の江戸時代を「文明」としてとらえることには異論ありません。

こうした「文明化」した社会が、どのように形成してきたのか。その視点から、遠江の南北朝時代の歴史を考えてみたいと思います。

二　〝自然〟対〝文明〟のはじまり

まずは、前節で述べたことを簡単に確認しておきましょう。南北朝期の遠州における勢力図をみてみましょう。地図（図3）をご覧ください。ここから、遠州における南朝勢力が、ほぼ山間部に限定されていることがわかります。現地に行くとよくわかるのですが、遠州の地形は、北部に行くほど山深くなっていきます。この山を拠点にして、南北朝期の山城が築かれていたことがわかります。

もちろん、これについては、「もともと南朝勢力も平野部に拠点を置いていたのが、北朝勢力に追われて、山間部に拠点を移さなくてはならなくなったにすぎないのではないか？」、という批判も聞こえてきそう

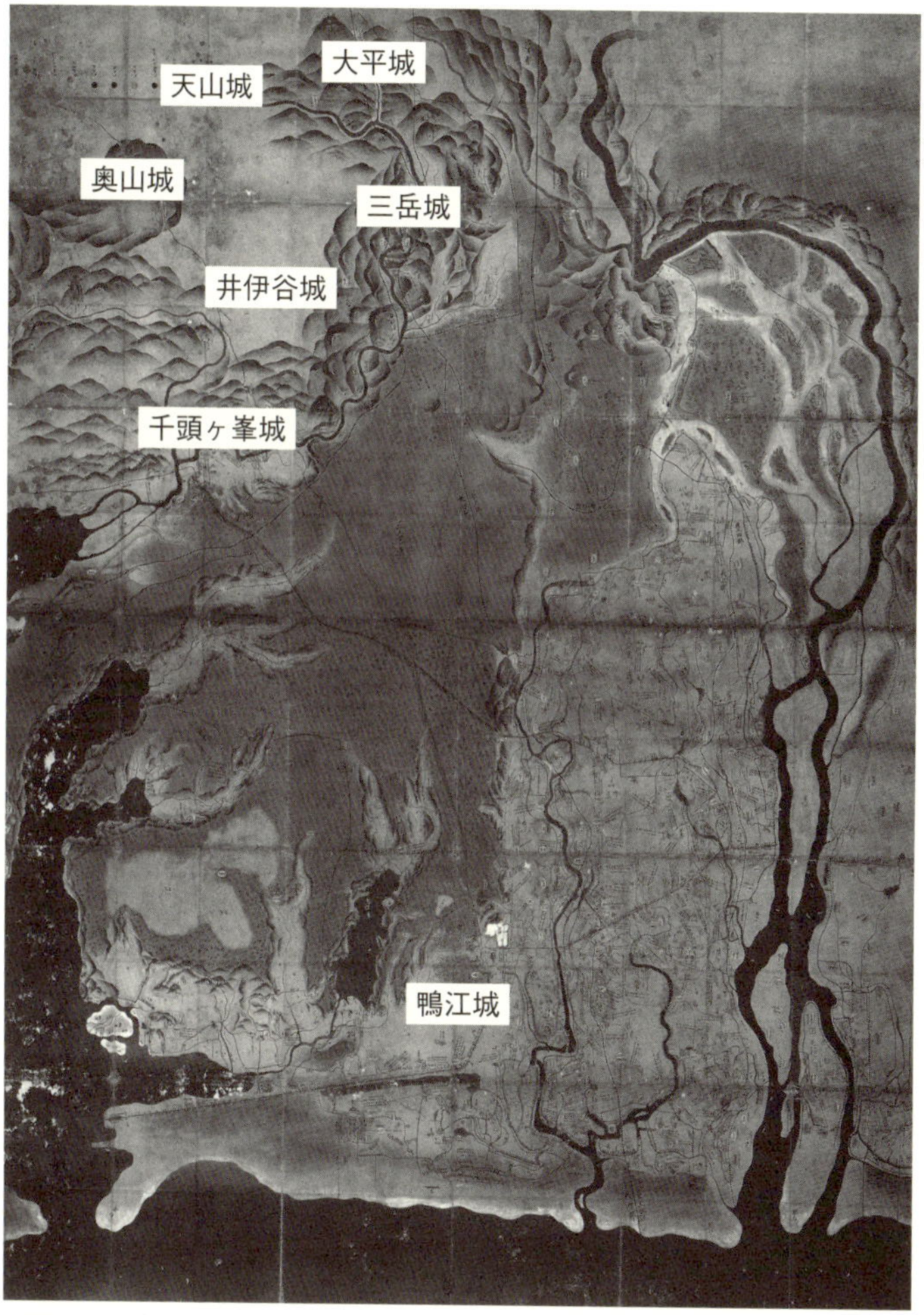

図 3　三岳城を中心とした支城（青山家領分絵図。浜松市博物館所蔵）

です。しかしながら、遠江の南朝勢力の代表格であった井伊氏の本拠は、最初から引佐地方と呼ばれる山間部におかれていたことは、ほぼ間違いありません。少なくとも、三岳城や天山城（田沢城）、奥山城や大平城が、みな山間部に位置していることは明らかです（鴨江城を例外とします）。この地域は、地図上ではよくわかりませんが、南信濃から続く山脈の端であり、奥三河に隣接する地域です。人里離れた集落が山間に展開しています。新東名を名古屋方面へ進み、浜松いなさSAをすぎると風車がまわる山々を目にします。この山間の地域にも、現在では平野部に新田が形成されていますが、これは江戸時代に入ってからの開発による成果でしょう。中世には、平地の少ない、さらに山深い地域であったことが想像されます。その周辺地域が、遠州の南朝勢力が活躍した場所です。

その一方で、北朝方の勢力は、東海道筋、つまり、浜名湖沿いの平野部に集中していました。この周辺は、今川氏の拠点を中心に、浜名館や堀江城など、古くから交通の要衝として栄えていた場所に、北朝方は勢力をもっていました。浜名湖、「引佐細江」という場所も、古くは万葉歌に詠まれるなど、文化的水準の高い地域でした。三筆の一人である橘逸勢（?～八四二）がこの地（板築駅）で亡くなっていることもその証左の一つだと考えられます。

遠江における北朝方の勢力は、こうした古代の律令国家・貴族社会の影響を強く受けた、〝文明〟に近いところにいた一族であったということができるでしょう。とくに、遠州においては、歌学の家として将軍家にも近侍した浜名氏の存在が大きかったと思われますが、北朝の勢力の主体が、当時の最先端の京都の文化を体現する〝文明〟を有していたことは、まず間違いないと思います。

三　自然のなかに生きる人びと

さて、くり返し述べてきたように南朝側は、山野に拠点を置きました。現在でも、遠江から三河の山間には、切りだった険しい場所に集落が形成されています。山や川を隔ててわずかに開けた場所に小規模な集落が「隠れ里」のように点在しています。中世の山村は、〝自然〟に溶け込むように、人里離れた場所にあえて作られたのでしょう。これは、山賊や他村などの外敵から身を守るための手段でした。

とくに、南北朝期の山城付近には、こうした集落の痕跡が多くみえます。この意味をどう考えるかが難しい点です。鶏が先か卵が先かの問題になります。ほとんど学問的ではありませんが、私は、山城が作られるずっと前からこうした小規模な集落が細々と存在していたと考えます。引佐地方の山深い地域には、古代中世の修験者らが、隠住して修行にあたっていた痕跡が数々うかがえます。たとえば、奥山の富幕山、伊平の仏坂など。また、行基とその兄弟の随懇坊による開発伝説が広くこの地域に存在していることも、その根拠の一つです。引佐北部にみられる平家落人伝説

写真11　引佐町渋川付近

写真12　仏坂周辺（浜松市北区引佐町伊平）

をもつ集落もこれと関連しているでしょう。かなり古い時代には、都界とは、生活の様式を異にする人びとが、この地にくらしていたことは間違いないでしょう。もしかすると、南朝の勢力は、はじめからこうした山間にくらす人びとの協力のもとで、その勢力を維持していたのかも知れません。

一般的に、前近代社会において、山は、魑魅魍魎《ちみもうまい》の住まう〈異界〉と認識されていました。立ち入ることが禁忌（タブー）とされている場所も、全国各地に多数あったことが知られています（引佐地方にもありました）。いずれにせよ、北朝側（南朝の北畠親房もそうですが）井伊氏に対して、「井之輩」など、偏見のニュアンスを込めた言葉使いをしていることに、私たちはもっと留意しなければならないでしょう。これは、敵だからというだけではなく、もっと深い意味――すなわち、彼らにとって非日常であり、実態がよくわからない存在であるという畏怖――が込められていた可能性が高いと思います。

さて、先ほども述べたように、宗良親王の歌集『李花集』には、人里離れた山奥でのくらしを詠んだ和歌が残っています。北朝勢力の追撃を避けるために、みつかりにくい、「奥山」「深山」などと呼ばれた山深い〝自然〟のなかに拠点を置いたのでしょう。当然、その案内役がいたはずです。彼らは山のことをよく知る人物――「山の民」――であり、その代表が井伊氏であった、こう考えることはそれほど矛盾していないと思います。

先にも指摘しましたように、網野善彦さんは、かつて、鎌倉末・南北朝期の社会構造の転換を、〝非農業から農業〟、〝未開から文明〟、あるいは〝遍歴から定住〟という二項対立のなかで説明し、話題を呼びました。この考え方は、発表当時も多方面に大きなインパクトを与えましたが、学会の定説にはなりませんでした。しかしながら、私は、遠江の歴史を考えた時、この網野説をほぼ全面的に支持できると考えています。すなわち、南北朝期に〝文明〟が進展していくなかで、井伊氏一族のような〝自然〟を背景とする側は、圧迫されていきました。そして、それこそが、遠江における南北朝動乱の本当の意味であったと考えられます。

四　今川の〝文明〟

では、「今川の〝文明〟」と「井伊の〝自然〟」について、もう少し具体的にみてみましょう。今川氏は室町幕府のなかでも名門の一族であり、中央の高い文化を体現した存在でした。拠点である駿府に、「小京都」と称される文化的な中心地を形成したことで知られています。そのほか、北朝に味方したグループの多く

写真13 現在の蒲神社周辺

は、平地で定住的な住民を支配する御家人たちが主流でした。その点で、北朝側には、〝文明〟としての要素を多分に感じます。この側面をもっとも顕著にあらわしているのは、先ほども説明した浜名氏でしょう。浜名氏は、将軍に近侍し、歌学の家としてその名を広く知られていました。また、堀江城近辺に勢力を張った大沢氏や、蒲御厨の蒲検校なども〝文明〟の側にありました。どちらかといえば、平地の、安定的な農業生産が望まれ、いわゆる「都市的な場」の近くにあり、豊富な年貢による経済基盤を背景に成長してきた〝文明〟に近い一族が、遠江における北朝勢力の主力であったということができるでしょう。

なお、今川氏が〝文明〟の中心にあったことを典型的にあらわしているのが、守護大名今川了俊（一三二六～一四二〇）の記した『今川大双紙』の存在です。この史料は、江戸時代に流布し、様々な呼び方をされていますが、内容は武家故実を体系的に示したものです。弓馬の作法や礼式などが記されています。食事の作法に至るまで、事細かな記載がみられ、まさに〝文明〟の名にふさわしい内容になっています。教養人として、冷泉為秀に和歌を学び、連歌にも秀でた才能を有し、

『難太平記』の作者でもあった了俊（貞世）は、まさしく〝文明〟を象徴する存在でした。また、今川氏の〝文明〟化の過程は、朝廷文化の導入によって達成されていきます。具体的には、和歌や蹴鞠などの文化交流をもって実現していくことになりました。こうした動きは、応仁の乱を経るとますます強まっていきますが、かなり早い段階からこの傾向は確認できます。今川氏の研究で有名な歴史学者の有光友学さんは、次のように述べています。

前述したように、氏親の時代に氏親の母（北川殿＝北条早雲の姉）と姉（正親町三条実望妻）、そして妻（寿桂尼＝中御門宣胤娘）といった三名の女性を媒介として今川氏および領国の人々と京都の公家や僧侶・歌人・文人といった人々との間にさまざまな交流が行われ、駿府を中心として文化サロンの場が成立していた。それはまた氏輝の時代にも受け継がれ、義元の時代になると、義元自身が太原崇孚雪斎の師範のもとに京都で修行し、直接そうした人々と交わったこともあって、京都人との交わりは世代の移り替わりを見せながらさらに広がっていった。（有光友学『今川義元』吉川弘文館、二〇〇八年、二二〇頁）

今川氏親（一四七一？～一五二六）の頃には、京都の文化を積極的に取り込んだ「文化サロン」が形成していました。こうして、十六世紀前半には、今川氏は、駿府を拠点とする〝文明〟化を達成していきます。京都の公家の客人を招き、歌会を開催し晩餐会を開くなど、まさに〝文明〟の名に値する生活が展開されます。分国法や礼法なども体系化され、次第に「野蛮」なものを統制する機能も整備されていきました。人間の本能にまかせた生活を慣習や儀礼によって制約し、秩序を与えていくのは、まさに〝文明〟の行為です。そしてそれは、今川領国に波及していきます。遠江の〝文明〟化の進行拠点は、湖北五山の一つ大福寺であり、浜名氏・大沢氏であったと考えられます。浜名氏は、当主浜名政明が、永正十二年（一五一二）八月二十一日、大福寺に年貢を寄進しています（『県史』三―六一九号）。彼らは、常に〝文明〟のなかにあって成長してきた一族といえるでしょう。

永正十五年（一五一八）八月、今川氏親は、京都の公家中御門宣胤との間で、『太平記』に書かれている今川氏の事績をネタにして文化的な交流を行っています。中御門から「今川」の名がみられる『太平記』の抜き書きが贈られてきたことに対する感謝状も残されています（『県史』三―六九一号）。このことは、今川氏の立ち位置を考える上できわめて重要です。「今川の〝文明〟」は、あくまで中央の公家や大寺社がもちあわせていた文化とのかかわりのなかで成り立っていたのです。

十六世紀前半になると、「今川の〝文明〟」は、格段と広がりをみせていきます。まず、駿河や遠江の有力者が、「今川の〝文明〟」を享受します。そのことを、もっとも端的に示してくれるのが、今川氏と盛んに交流をもった山科言継（一五〇七～七九）という公家の存在です。言継は、戦国時代の公家（藤原北家四条家の分家。正二位・権大納言に昇進する）であり、有職故実や和歌、蹴鞠、医学など多彩な才能をもっていたといわれます。また、戦国時代の公家のなかでは、ダントツで交流圏が広く、多くの戦国大名たちや民間人とも交友関係を有していました。彼の行動は、日記『言継卿記』から知られます。弘治年間（十六世紀中頃）今川義元は、山科言継と頻繁に晩餐会を開きました。この晩餐会には、朝比奈泰能や大沢氏なども参加し、〝文明〟を享受する者たちの一つの文化サークルのようなものになっていきます。山科言継を中心に、歌会や宴が重ねられ、今川家の家中たちは、都の体系化された華やかな文化に触れる機会を得ました。また、言継には、駿府や遠江の有力者たちから土地の名産品が振舞われました。言継は、当時すでに有名であった大福寺納豆の製法を習っています（『県史』三―二五三九号）。彼自身が、〝文明〟の側にありながら、地方の文化を摂取している様子もうかがえます。しかしながら、今川領国の有力者たちが、彼のもとに集まり歌会や晩餐をくり返すのは、明らかに彼の背後にある朝廷文化、そして京都の政治情勢、あるいは各地の情報を入手することが目的でした。その点で、「今川の〝文明〟」の基底部分は、あくまで朝廷文化の焼き直しにすぎないものであったのです。これは有名な話ですが、今川義元の後継者である氏真は、京都の公家たちの間で流行していた蹴鞠に熱中しました。駿府に暮らしながらも、京都の公家文化との距離感をより重視していたことがわかります。

こうして、「今川の〝文明〟」のもとに、遠江・駿河周辺の有力者たちは、編成されていくことになりました。遠江の有力豪族である井伊氏は、この秩序のなかでは周縁におかれていました。山科言継ら京都の文化人たちとの交流もきわめて少なかったとみられます。言継が、駿府から帰京する際、引馬近辺で一泊していますが、この時も井伊氏とは面会していないようです。どうも、井伊氏は、「今川の〝文明〟」に対して最初から周縁にあったようです。山科言継との交流も管見のかぎりもちあわせていませんでした。同じ遠江の「国衆」である大沢氏らが、晩餐会などを開いて、言継を饗応しているのと実に対照的です。井伊氏は、二度も今川氏によって惣領を誅殺されることになります。この背景には、井伊氏に味方する人物が、今川家の家中の中心にいなかったことも理由としてあったでしょう。今川氏の高度に発達していた社交界のなかに井伊氏はうまく位置づいていなかったと考えられます。その背景には、どういう事情があったのでしょうか。次に、井伊氏の側についてもまとめておきましょう。

五 井伊の〝自然〟

さて、井伊氏は、南北朝動乱期に、「三岳」や「奥山」に拠点を置いていたことからも知られるように、〝自然〟の側にありました。生活基盤も、かなり広い地域にまたがっていたと考えられます。よく井伊氏は、井伊谷（「井の国」と呼ばれます）を拠点に成長した勢力だと考えられていますが、先ほども述べましたが、井伊谷よりも北辺の山間地域に勢力を張っていました。もっと丁寧ないい方をすれば、井伊氏は、この山間の集落がなくては生きながらえることはできなかったのです。井伊氏は、ピンチに常にその背後にある大自然に隠れることによって、その危機を逃れました。それが、少ない記録のなかに見出される遠江井伊氏の真実です。すなわち、引佐地方の山奥に住み、遍歴・流浪の生活を送っていた「山の民」たちの首長として、井伊氏は成長してきたとみられます。

もっとも、〝自然〟の恵みのなかで有力な一族が成長してくるというのは、前近代社会においてはごく自然のことでした。先ほども述べたように、古代・中世の自然村落は、外敵から身を守るために、他と隔絶した場所に築かれます。コアとされる集落の周りは、山野河海に取り囲まれているのが一般的でした。人里離れた場所に小さな集落が営まれる場合が多かったと考えられます。しかしながら、こうした場所は、定住には不向きです。より安全に安定した生活を営める地を求めて、人びとは絶えず移動する必要があったでしょう。古い時代の井伊氏の生活様式も、おそらくこれに基づいていたとみられます。

こうした点から、私は、井伊氏に従った人びとのくらし、すなわち中世の引佐地方は全体として非定住社会であったと考えてよいと思っています。このことをよく示しているのが、嘉元三年（一三〇五）七月十八日に、無住道暁が書いた『雑談集』の次の記事です。

遠江国伊那佐郡（引佐）奥山ニ田草と云所アリ。鹿猿ナト多キ山里ニテ、粟畠作ル事アレトモ、ミナ食失ヒ、手ヲムナシクスル事ナルニ、王大夫ト云男、古キ堂ニ地蔵ト観音ノヲハシマスニ、今年ノ粟、鹿猿ニクハセテ、守リタヒタハ、秋粟餅シテマイラセント、ナヲサリニ申シタリケル。誠ニスコシモ鹿猿クハス、其外ノハ如例、コノ事打ワスレタリケルニ、冬ノ比、夢ニワカキ僧二人ヲハシマシテ、「何ニ。『粟マホリテ獣ニクハセスハ、餅シテクレフ』」ト、イヒシニ、マホリテクハセヌニ、我ヲハスカシタルソ」ト、仰ラルトミテ、大ニヲトロキテ、婆アニカタリ、ヤカテイソキ餅シテマヒラセテリ、コノ事語リ、餅モ地頭ノ処へ持来テス、メケル。カノ男モ見、餅モクヒタル、地頭ノ女ノ尼公ノ物語也、仏ハタ、人ニ中様ニ物申、心サシモ人ノ如ク思ヘハ、応身ノヲモテハ、人ニタカハスフルマハセ給也、近キ不思議也。

（『雑談集　中世の文学』三弥生書店、一九七三年、一九三～一九四頁）

この話から、様々な世界がみえてきます。まず、中世の引佐地方では、粟畠をつくり、生計をなしていたことがわかります。しかし、常に鹿・猿などの獣害に悩まされる、〝自然〟と融合した生活をしていたことが確認できます。ここでは、「粟餅」の話がでてきますが、稲作と畠作の文化的な融合を暗示しているようで、とても興味深いところです。ちなみに、この説話が「地頭ノ女ノ尼公ノ物語」とされているのにも意味があるでしょう。〝自然〟を語る〝高貴な女性〟というイメージが、この物語にある種の付加価値を与えています。

なお、こうした生活の様子は、引佐地方の山間部で、行われている「シシウチ行事」などからもうかがえます。これは、鹿やイノシシなどの獣を捕獲・追放することを願う神事です。この地域の人びとが、〝自然〟とどのようにかかわってきたのか、その一端を教えてくれます。また、同地域で現在も行われている「ひよんどり」も、山での暮らしを色濃く表現しています。ちなみに、「川名ひよんどり」が行われる福満寺薬師堂に安置されている薬師如来像は、井伊直貞によって祀り替えられたものといわれております。舞は、田楽能を主とするもので、正月四日には川名の六所神社神前において猪追の儀を行い、その帰りに若宮三社へ強飯と弓矢を納めます。有名なのは、若者とタイトボシのもみあい、松明による若者たちの火踊りの儀です。この民俗芸能は、一見すると、農耕的な側面が目立ちますが、狩猟的な儀礼が散りばめられているところに注目する必要があります。こうした伝統行事からは、古くからこの地が、狩猟と採集それから畠作を主としながらも、稲作の技術を拡大していった歴史を読み取ることができるでしょう。

六　〝自然〟はアジール

　このように考えてくると、遠州における北朝と南朝の対立、今川氏と井伊氏の抗争は、平野部の稲作を中心とする「都市的な場」を背景とする「都市民」（「平地の民」）と、未開の自然をよりどころに成長してきた引佐地方の人びと（「山の民」）との衝突であったとみることは、強ち的外れではないようにも思います。それは、換言すれば、「今川の〝文明〟」と「井伊の〝自然〟」の対立であったといえます。つまり、三方原の戦いなどにみられる、遠江の南朝と北朝との対立も、その背景には、山（自然）に拠点をおく遍歴・非定住型の人びとと、平野部に拠点をおく定住型の人びととの文明史的な戦いという側面が潜んでいたと考えることができます。やはり、この戦いは、〝自然〟と〝文明〟の衝突だったということができるでしょう。

　宗良親王は、室町幕府によって組織化が進みつつあった「平地の民」ではなく、彼らの政治権力が及ばない人びと（ここでは、「山の民」）の力を借りて、この戦いに臨んだのでしょう。もちろん、十四世紀の段階においては、〝文明〟の側も〝自然〟に寄り添いながら暮らすことを余儀なくされていたでしょうから、正確には、〝文明〟を希求する人びと、〝文明〟の側に身をおく人びとなどといった方が適切かもしれません。しかし、遠江における〝文明〟化は、室町幕府の権威を背景とする守護大名の今川氏によって、この時期確実にその版図を拡げていました。その一方で、それには馴染まない各地の山間を遍歴する人びとが、遠州地方にはまだ多く存在していたと考えてよいでしょう。それらの人びとの求心力となったのが、遠江井伊氏だったと理解できます。

結局、井伊氏の側はこの戦いに敗れ、三岳城や大平城などの攻撃を受け、わりとあっけなく〝文明〟の側に敗北します。これだけをみれば、網野さんの言葉にあった「未開の最後の組織的反撃と、文明の最終的勝利の過程」を指しているようにも思えます。しかし注目すべきは、それでも、井伊氏が滅亡しなかった事実でしょう。井伊氏がなぜ、これだけ攻撃を受けて滅びることがなかったのかという疑問に対する答えは、すでに準備できています。もちろん、今川氏の傘下に甘んじただけじゃないかという意見もあるかと思いますが、引佐の山間地帯に点在しており、どこに隠れているか、判断がつきかねたのでしょう。〝自然〟のなかに隠れた敵を追捕することは、困難をきわめます。井伊谷の北辺に広がる引佐地方の雄大な自然は、この時代においては、まさに「アジール」そのものでした。否、私のいい方をさせていただければ、それは〝ソトのアジール〟であったと考えられます。人びとの力の及ばない社会の〝ソト〟側への逃げ込みが、まだまだ当時は一般的でした。

応永年間に井伊氏が、渋川・川名などの引佐地方の山間部で村鎮守の造立などを行っています。これは、惣村が形成されてきたことを背景にしていたとみられますが、その「大檀那」となっているのは、「藤原」姓を主張する井伊氏です。この時期、井伊氏が、引佐地方の山間に基盤を有していたことが容易に想像されます。〝自然〟を背景に成長してきた惣村に、寄り添いながら成長していく井伊氏の姿を見出すことができます。まさに〝ソトのアジール〟の力を背景として成長してきた一族こそ、井伊氏だったのです。江戸時代後半、彦根藩士たちが引佐地方で井伊家の先祖の史料調査を行いますが、長野主膳らを中心とする彼らは、渋川や川名という山間部の調査を重点的に行っています。彼らも中世の遠江井伊氏の勢力基盤が、引佐地方の山間部にあったことを、よく理解していました。

このような見方に立てば、井伊氏と北朝方との争いをうかがわせる、次の史料は注目されます。

〔　　〕廿日、井野臥、大福寺へ乱妨ス

（『県史』二―二四五号）

この箇所は欠損があり年月が特定できませんが、「井野臥」が大福寺に対して、攻撃を加えていたことがわかります。ここで、「野臥」という表現に注目してみましょう。『広辞苑』によれば、「①山野に野宿して修行する僧。山伏。②山野に隠れ伏す軍勢。伏兵。伏勢。また、それによる攻撃・戦闘。野伏いくさ。③中世、落武者を脅迫し甲冑などをはぎ取った農民の武装集団。また、山賊の類。野ぶせり。」などとあります。これは、先ほど述べた井伊氏のイメージと合致します。こうした構図は、随分と後の時代まで継続していきます。次の史料を御覧ください。

同廿三日、武衛《（斯波氏）》衆・井伊衆、下気賀まて打詰、むきをなけ、苗代をふミ返し、のき候を、清水口へよこあひにのふしをかけて、心ゝにおいちらし候、

（『県史』三―五六三号）

これは、永正九年（一五一二）の四月二十三日、「井伊衆」が、収穫前の麦を薙げ、苗代を踏み返し、気賀周辺の平地の人びとに対して攻撃を加えたことを示しています。いわゆる「乱取」（略奪行為）だと考え

られますが、「農事」である四月を狙った攻撃であるという点に、平地に暮らす民と山間に暮らす民との文明史的な対立がみてとれます。山奥に拠点をもつ井伊氏一族にとって、農耕を主要な生業とする「平地の民」は、ときに攻撃の対象となりました。この行動には、単なる軍事的な戦略以上の民衆レヴェルの衝動を想定しなくてはなりません。

これだけをとってみても、遠州の南北朝動乱は、〝自然〟と〝文明〟の対立を内包していたことがわかります。先ほども述べたように、井伊氏は、古くより都田御厨と呼ばれる平野部の穀倉地帯を経済基盤としていたと考えられていますが、山間部に拠点を有してきた井伊氏とその一族にとって、平野部の稲作地域への関心はきわめて強かったことでしょう。伊勢神宮領である都田御厨への介入も、この文脈で理解する必要があります。この〝動乱の時代〟は、あくまで、民衆の視点からみなくてはならないのです。

なお、宗良親王が井伊氏のところへ来訪したことの歴史的な意味をどう考えるかも重要な問題です。とくに、文化面で大きな足跡を残しました。宗良親王は、「山の民」たちを駆使して、討幕運動にのぞみましたが、その一方で、誰しもが認める当代の頂点的文化人であり、都の高度な教養を体現している人物です。いわば、〝文明〟の頂点にいました。宗良親王が、都の文化を存分に摂取した皇子であることに変わりはありません。彼が〝自然〟の側に降り立つ時、どのようなものが生み出されるのでしょうか。

奥山周辺には、栗に関する宗良親王の伝承が残されています。すなわち、田舎へとやってきた宗良親王が移動中に腹を空かし、土地の者たちに食べ物をわけてもらうように懇願する。奥山周辺では、こんなものしかありませんと、当時人びとが食べていた栗を差し出した。宗良親王はこれを喜んで食したという言い伝えです。もちろんこれは伝承にすぎないのですが、とても興味深い話です。

七　宗良親王の意味

なお、宗良親王がもたらした影響の一つとして、奥山方広寺に典型的にみられるような、大規模な寺院の建立が挙げられます。方広寺は、井伊氏と親戚関係にあった奥山氏が建立したといわれています。奥山氏は、十六世紀には、井伊家の家中となっており、奥山朝利の娘が井伊直親に嫁ぎます。井伊氏との関係がきわめて深かったことがわかりますが、大きな力をもっていたことがうかがえます。また、局所的な影響にとどまらず、この地域の文化的レヴェルの全体的な高揚をもたらしたことも注目しなければなりません。つまり、大きな寺院が建立されたことによって、その地域の文化的水準が高まったとみるべきでしょう。その典型として、たとえば、茶の生産の普及が挙げられます。井伊直平の子・直元の書状に次のようなものがあります。

御懇比《ねんごろ》の札披見せしめ、仍て爰元《ここもと》の儀、替り無き儀候條，御心安く有るべく候。伊藤源三も夕部欠落の旨風聞候。是は目下の儀存せず候。左候ては近所に敵あるまじき間、やがて帰陣有るべきかと存じ候。はたまた補宜公事の儀承り候。具に承分候。一札の事承り候へども、二、三日中に迚も帰陣の事候間、延引候。信州へも具に直談申し候間、帰陣の上、一書は出し申すべく候。少度怪体とも候間、さて〳〵申候。御心得あるべく候。将又《はたまた》兵粮の調の由候承り候。心安く存じ候。久留目木へ登られるの由。定めて御茶成され候や。残り候は少度給うべく候。爰元《ここもと》・茶さへ候はす候。不弁中々申し計りなく候。何も濫妨にて兵粮馬の大豆など多く候へども、我々は御心安くあるべからず候、恐々謹言。

三月廿九日　　直元（花押）

（「蜂前神社文書」『静岡県史料』五―八九六頁）

この史料は、年を欠きますが、井伊直平の息子直元によるものなので、十六世紀に書かれたものとみられます。ここから久留女木近辺に、かなり古くから茶畑が形成していたことが知られます。おそらく、井伊氏や方広寺などの存在が、茶の栽培を促進させたのでしょう。井伊氏を中心として、引佐地方に独自の文化が形成していたことがわかります。

後醍醐天皇の子という高貴な身分をもつ無文元選によって開かれた方広寺は、多くの「山の民」たちの信仰を得ました。方広寺は後に「無縁所」と呼ばれ、諸職人が門前に集住している様子もうかがえますが、古くより非農業民を中心に信仰を集めていたように考えられます。いずれにせよ、引佐地方の山間部は、平野部の生業形態とは随分と異なっていたとみられます。山里の集落に、独自の文化が形成・熟成されていきました。しかし、それは、守護大名や戦国大名が築いた居館や、平地のくらしとは一線を画すものでした。中央貴族の文化を〝文明〟と規定されるならば、山間に栄えた自然に溶け込んだ文化は、それとは全く別の〝自然〟が生んだ文化といえるでしょう。そしてその境目は、南北朝期においては、まだまだ歴然としていました。

八　山の生活

さて、遠江での宗良親王と井伊氏の敗北は、遠州の山間に拠点をおく「山の民」の敗北を意味しました。しかしながら、先述したように宗良親王が、いともたやすく越後・信濃へと逃れることができた理由には三遠南信の地理に精通する案内人の存在があったと考えて間違いないでしょう。そうでなくては、安全に中世の山間を移動することは困難きわまるものです。彼らの正体は、「山の民」だったと考えるのが自然です。

仮に、「山の民」、「平地の民（都市民）」と二項対立的にとらえた場合、十五世紀は彼らの命運を大きく左右した時代であったといえます。とくに、康正二年（一四五六）頃、遠州は大きな旱魃に見舞われました。遠州の各地、具体的には、村櫛荘や蒲御厨などで荘園領主に納める年貢の未進が相次ぎます。同年十二月十三日には、蒲御厨の諸公文百姓らが、東大寺油倉に対して年貢の減免を訴え出ます。この文言のなかには、「徳政事に就き、引馬倉、去る正月十六日強人焼き捨て候、御百姓種食ともに彼《か》の倉に質に置き悉《ことごと》く失い候、迷惑の処に結句、旱魃条々、計会申すに及ばず候、」とあります（『県史』二—二二五一号）。徳政一揆の混乱に引き続き、旱魃の影響を受けて在地社会が困窮していたことがよくわかります。まさに、負のスパイラルです。こうした状況は、地下レヴェルでは、「逃散」「欠落」の頻発をもたらしました（『県史』二—二二四八号）。この頃、村櫛荘の荘園領主である東寺は、米での年貢の納入をあきらめて、材木での代納をさせています（『県史』二―二二六三号）。これは、この時期、平地に定住する人びとの生活がいかに苦しかったのかを示していたのでしょう。

しかし、遠州の平地で暮らす人びとにとって、とくに、決定的な影響を与えたのは、明応年間に起きた大きな地震でした。この地震の被害の状況は、様々な史料に記録されています。たとえば『円通松堂禅師

	典　拠
（裏面） 応永16年2月29日 大檀那藤原朝臣直秀	『県史』二―633号
―	井伊家遠州渋川村古跡事（龍潭寺文書）『県史』二―1209号
―	井伊家遠州渋川村古跡事（龍潭寺文書）『県史』二―1679号
―	井伊家遠州渋川村古跡事（龍潭寺文書）『県史』二―1689号
―	『県史』二―1923号
―	『県史』二―2163号
	井伊家遠州渋川村古跡事（龍潭寺文書）『県史』二―2569号
―	『県史』二―2664号
「□村人願望」	『県史』二―2665号

表　引佐地方にのこる棟札の一覧

年　代	村名・社名	人　名
康安2年（1362）2月6日	渋川村六所神社	大檀那沙弥宗有 □主藤原氏女 大工左衛門尉国清 願主右衛門尉守氏 禰宜大夫氏清
応永3年（1396）3月8日	万福寺	大檀那井伊之匠作藤原直秀 大工八郎左衛門入道沙弥寿清 作事奉行大代九郎藤原宗清
応永31年（1424）11月13日	八幡宮	藤原直貞・法井・道賢
応永25年（1425）12月13日	万福寺	大檀那井伊之次郎直貞法名宗有之孫修理亮直秀法名法井之子息五郎直幸同於寿丸 作事奉行別当小納言幸井
永享8年（1436）9月25日	渋川村六所神社	大檀那藤原朝臣直幸□ 大工八郎左衛門吉国 願主禿董 禰宜大夫九郎次郎
享徳元年（1452）10月29日	東久留女木津島神社	大工藤原吉国 檀那村人 願主藤原行森
文明元年（1469）閏10月13日	八幡宮	大檀那伊賀守親範 大工藤原国 木原定宗
文明11年（1479）正月23日	奥山村奥山神社	奥山教朝 同駿州守朝延〔カ〕 □大郎大夫 大工藤原貞〔カ〕吉 衛門大夫　ほか
文明11年（1479）3月16日	川名村六所神社	大壇越藤原朝臣直広 大工沙弥道寿・貞吉父子 作事奉行比丘禅久 四郎左近　ほか

語録』の次のようにあります。

同月二十五日辰之刻、忽然而大地震動、万民胆喪、或倒地而葡匐、或抱柱而待滅、老翁者合掌而念仏名、幼弱者叫喚而号父母、平地破裂而立涌出三五尺波濤、巨岳分破而忽崩奔万仞余之懸崖、従前風雨破落之残家残屋、一等震卻而半陥墜乎地中、就于中最可憐者、旅泊之海辺、漁浦之市鄽、聚者遠国之商人、群者近隣之賈客、八宗之仏民架寺院僧坊、幷歌舞伎楽遊燕之輩、一朝不渉乎時刻、洪濤滔天来、而一弾指頃掃地総巻去矣、不識俗舍仏宮幾千間、不記緇白貴賤幾万人、牛馬鶏犬等衆類豈足称計哉、此外当年中之洪水充満、大風暴乱民、欲為魚已及度度、幷五月之氷雹庭上積如玉、田頭之麻麦等傷損無限、如是之事備不堪記録也、

（『県史』三―二四七号）

漢文で意味をとりにくいですが、洪水・台風・雹《ひょう》と、度重なる自然災害によって、当時の人びとが苦しめられていた様子が生々しく伝わってくるでしょう。こうした旱魃や大震災は、この社会に何をもたらしたのでしょうか。それを知る手がかりは、引佐地方に残る棟札や鰐口に隠されています。これらを一覧にしたものが、次の表です。これをみると、十五世紀になると、村鎮守の建設がラッシュになっていることに気がつきます。こうした動向は、次の三つの力に支えられています。一つは、村に暮らす住民たちの結束力の強化です。そして、もう一つはこれをつくる職人たちの存在とその技術力の問題です。この時期、非農業を主たる生業とする技術者集団が遠州地域で成長していたことがわかります。また、三つ目として、鎮守の建設を可能にする大量の木材などの供出の問題が挙げられます。〝自然〟のなかから、こうした神木を見出したのでしょう。

この民衆レヴェルから沸き起こってきている宗教的行為の背景にあるものを見逃してはいけません。当時の社会不安、生存の危機が、人びとに心のよりどころを求めさせたと考えるべきでしょう。たしかに、

村鎮守の大檀那には、井伊氏などの領主層の名がみえますから、これも支配のためのイデオロギー装置にすぎないのではないかといわれてしまいそうです。しかし多くの棟札には、惣村の百姓たちの名も刻まれています。これは紛れもなく、彼らが主体となって、村鎮守の創建にあたったことを示しています。すなわち、この鎮守には、地域の自然に密着しつつ成熟してきた人びとの信仰が凝縮されていると考えるべきです。引佐地方の山間についての古代・中世の記録は、ほとんど残されていませんから、人が住んでいなかったのではないかとも早合点しそうです。しかし、棟札などにみられる記録は、大げさにいえば、山のなかに生まれた新たな〝文明〟の萌芽ともいうことができるでしょう。彼らは、十六世紀の前半に、独自の生活のなかで、〝自然〟のなかに在りながら一つの文化を生み出していたのです。

　また、史料が乏しく明らかにするのは難しい問題ですが、平野部から山間部への人口の移動を考えなくてはなりません。すなわち、十五世紀に頻発したであろう欠落——この欠落した先の多くは、引佐地方を含む山間部だったのではないでしょうか。山間部は、領主の訴追を逃れやすい上に、

写真14　井伊谷城からみた井伊谷周辺

山の恵みによって、何とか生きながらえることができます。実際、古代の浮浪・逃亡の行き先が、山野に多かったことは、古代中世の説話集から知られるところでもあります。また、戦国時代のことになりますが、浜松市西区宇布見村の文書のなかに、「号山林不入地令徘徊」（山林と号し、不入地をうろつきせしむ）という文言がみられます。百姓たちが、「山林」と叫びながら、不入地を徘徊していたことがうかがえます。

遠江における南北朝動乱とは、浜名湖周辺と浜松市南部に広がりつつあった〝文明〟のなかで生きた人びとと、湖北から天竜地方にかけて広がる雄大な〝自然〟のなかで生きてきた人びととの間で生じた、まさしく文明史・民族史的な対立でした。〝自然〟の側にありながら、激しく〝文明〟の側に抵抗した引佐地方の「山の民」たち。宗良親王は、彼らの支えを得て、当地における戦いを展開していったのでしょう。しかし、残念ながら、十五世紀以前の井伊氏を含む引佐地方の先住民たちの具体的なくらしを見出すことは、このあたりが限界のようです。井伊氏の側は、十五世紀まで史料を全く残していません。私たちは、どうも、史料が豊富にのこる、十五世紀の平地の人びとの生活をみる必要があるようです。次に、「平地の民」のくらしについて、具体的な事例をもとに考証していくことにしましょう。

第Ⅱ部

〝文明〟の形成期としての戦国時代

文明という概念は極めて多義的である。人によって解釈が異なるので、皆が納得する定義というものは存在しない。しかし、厳密な定義にこだわらなければ、「文明」は「未開」に対置される、高度の政治経済体制、高い技術・生活水準、魅力的な文化などの総体を指すといってよいだろう。……（中略）……文明に対置されるのは未開である。最近の考え方からすると、その二つの存在価値に優劣はなく、異なっているだけだ、とされることが多い。しかし歴史的にみると、政治経済や独自の感覚、感性、価値観を含む文化というものの観点から、文明は未開を差別する。文明は優れており、未開は劣っている、と主張される。とりわけ感覚や価値観のおおもとといえる宗教を含めて考えると、この差別はより徹底したものになる。とくに宗教の差異は、場合によっては相手を抹殺する根拠となる。相手は劣るだけでなく、誤った信仰をもつ邪悪な存在とみなされるからであるこの場合、文明は未開を攻撃し、征服し、支配する。文明は未開を抹殺するか、そうでなければ同化する。

（山内進『文明は暴力を超えられるか』筑摩書房、二〇一二年）

第一章　十五世紀の平地民のくらし——蒲御厨の場合——

一　蒲御厨とは

遠江の戦国時代を論じていく前に、十五世紀の遠州の在地社会がどのようなものだったのか、可能なかぎり探っていきたいと思います。現在知られている遠江の史料のなかで、もっともこれがよくわかるのが、東大寺領荘園の蒲御厨です。東大寺に文書がまとまって残されたため、十五世紀の蒲御厨の様子は、同時代の引佐地方とは比較にならないほど鮮明です。ここでは、この史料群に基づきながら、当時の蒲御厨の人びとの様子を探っていきたいと思います。先ほどから、私が示している見解に従えば、平地の定住民たちの典型的な生活圏ということになります。

蒲御厨は、現在の浜松駅からほど近い、東海道沿いの立地に位置する平野部の集落に展開した荘園です。御厨《みくりや》と呼ばれるように、かつては伊勢内宮の領地であり、平安前期に蒲神社の神主蒲氏の先祖が開発した地を、内宮禰宜大中臣氏を通じて寄進したことに由来します。内宮を領家とし、荘官職として「蒲検校職」

写真15　蒲神社

を受けていました。鎌倉時代になると、蒲御厨にも地頭職がおかれましたが、開発領主蒲氏にも地頭代職の一部が与えられることになりました。建武政権下では、蒲の地頭職は岩松経家（中先代の乱の際に討死）に宛がわれました。その後の南北朝期には、高師泰に地頭職が与えられます。高氏が滅亡すると、一端は幕府料所となり、その後、明徳二年（一三九一）に幕府から東大寺に塔婆料所として寄進されます。応永二十五年（一四一九）、東大寺は使者を下し、蒲検校蒲一族の手中にあった用水の管理権を掌握することに成功します（＊この地方で、用水の管理権がいかに重要な意味をもっていたかは、後でわかります）。そしてさらに、御厨内の名主を公文職として東大寺の下級庄官に任命させ、代官支配を実施しました。これによって、蒲氏の支配権は弱められていき、十五世紀に比較的盤石な荘園制支配が敷かれていきます。東大寺領になったことにより、十五世紀に蒲御厨で起きた数多くの事件が、東大寺文書のなかに記録されることになりました。

さて、蒲御厨の実態については、菊池武雄さんと、大山喬平さんによる実証的な研究成果があります（菊池武雄「戦国大名の権力構造」『歴史学研究』一六六号、一九五三年、大山喬平「十五世紀における遠州蒲御厨地域の在地構造」『戦国大名論集11　今川氏の研究』吉川弘文館、一九八四年）。これらの成果を参考に、以下で蒲御厨における生活の歴史を振り返ってみたいと思います。まず、東大寺領蒲御厨の身分構造についてみておくことにしましょう。この御厨は、東方と西方にわかれており、それぞれに二十数名の「公文」と呼ばれる荘官がいました。彼らは、名主職をもち、年貢公事在家役の徴収と、年貢の和市権（引馬市での二割を取得する権利）をもっていました。手作地と耕作地を保有し、下人も所有しています。「公文」の下には、隷属性・名子的性格をもつ地下の百姓（平百姓）等がいました。「地下の百姓」は、東大寺役僧との直接交渉権を有していなかったので、公文らからはこのような名で呼ばれましたが、一個の耕作地を有していました。このほかにも、先ほど述べた蒲検校のような名主《みょうしゅ》もいましたが、室町期以降は没落していく傾向にありました。菊池武雄さんは、「下人」の立ち位置についても注目しています。蒲御厨の慣習法では、百姓らの所有する馬が諸公文の所有する下人に殺害された場合、その下人が殺害されなければならない、という慣習があったといいます。このように、牛馬等と等価の単なる労働を生み出す生産財とみなされていた「下人」もいましたが、一方で、下人屋を与えられた名子的な者もいた、といわれています。

　次に蒲御厨の生産構造をみていきましょう。これについては、大山喬平さんが、年貢注文などをもとに、とても詳しく分析しています。大山さんが導き出した結論は、次の言葉に端的にあらわれています。

> 　要するに、蒲御厨地域の稲作依存率が低いこと。これに対し、大豆・麦などの畑作率が高く、さらに雑公事系統の山野所出物たる小済物が生産活動の中核を占めていた事情につき述べてきた。最後に注目すべき点はこれらの年貢がすべて代銭納であったこと、ごく少額であるが在家役とは別に「町屋銭」が徴収されている事実である。　（大山前掲「十五世紀における遠州蒲御厨地域の在地構造」一一四頁）

二　畠中心の社会

蒲御厨の住民は、天竜川下流域に居を置く、典型的な〝平地の民〟であり基本的には定住生活を送っていました。しかし、十五世紀の段階では、まだ中世的な不安定な農業から脱しきれていませんでした。そのため、稲作ではなく畠作が中心であり、「山野所出物」に依存した生活をしていました。また、年貢を「代銭納」しているということは、近くにその取引を可能とする市場が形成されていたことを物語っています。実際、この時期には、蒲御厨の近隣には、「引馬市」という大きな市が形成されていました。この「引馬市」を中心とした商品経済圏のなかで、蒲御厨社会が成立していたことが明らかになります。蒲御厨の公文の下人が、「引馬市」に逃げ込んだ事例もあり、この時は引馬城主大河内氏が、この下人を横領したとされています（菊池前掲「戦国大名の権力構造」を参照）。引馬市が、下人の逃げ込みの場になっている点には、まさに「都市の空気は自由にする」の精神を見出すことができます。下人が身分的な解放を求めて都市に逃げ込むことは、世界史的な現象といってよいでしょう。

しかし、蒲御厨の生業は、年貢に「定麦」「定大豆」などと出てくるように、明らかに畠作が大きな割合を占めていました。もちろん、蒲御厨においては、米年貢もありましたが、当時の遠江を含む東国社会は水田技術が未発達であり、畠作への依存率が高かったと考えられます。蒲地域では、稲作の水を用水ではなく雨水に頼っていました。当時の史料にみられる「天水所」は、まさにそうした実態を示していたでしょう。たとえば、長禄元年（一四五七）五月十七日の東方諸公文らの申状にも「当御厨事者、早田中田之事候之処ニ、四月初雨降、其後五月十五日雨少降候之間、田分者一円不耕作仕候、以御上使、地下之時宜非緩怠之通可被見申候、若雨降次候者、定時節相過候間、悉者不可有之候歟」などの文言がみられます。

しかしながら、こうした雨水に依存した農業から用水を利用した灌漑農業への移行は着実に進められました。東方諸公文は、東大寺油倉に対して、用水路の使用ができなくなっている事情を訴え出ています。

こうした状況について、大山さんは次のように指摘しています。

この紛争の結末を明らかにしえないが、蒲御厨の畑作依存の農業は蒲諸公文等、ことに東方諸公文等の共同体的結合を背景とする活動によってその克服が意図されていたのである。稲作中心農業の確立は領主にとっては「御年貢豊穣」の基礎であり、地下の諸階層にとっては中世的不安定農業の克服を意味したのであった。

現在も上大瀬の近辺から市野を経て旧蒲御厨へいたる水路が存するが、上大瀬から蒲の中心部までの距離は直線にして約六キロメートルにおよんでいる。東方諸公文等が計画した用水路がかなり大規模であったことがうかがえるであろう。この計画はかつての用水路の復興を意図したものであって、全く新しいものだったわけではない。おそらく、中世を通じて何度もくりかえされた自然と人間の闘いの一断面を示すものと解しうるが、戦国時代へのうごきが明確化しつつあった時期における村落領主層の村落結合を背景にふまえた上の試みのうちにはたんなる中世のくり返しにおわらない新しい時代への胎動を読みとることができるだろう。

（大山前掲論文、一八～一九頁）

当時の蒲御厨の人びとは、まだまだ〝自然〟を完全に克服できていませんでした。そのため、欠落人や、浮浪の者たちを生み出していました。しかし、その克服をめざす「胎動」は、当時の在地社会のなかに、たしかに存在していたといえます。ただ、当時の〝文明〟の担い手であったはずの東大寺は、在地の支配をすべて代官に委託しており、御厨の民たちの訴えに対して即応する能力はもちあわせていませんでした。先にも述べたように、この時期、遠江における旱魃の被害は甚大なものであり、諸公文らは、東大寺油倉に対して、何度も年貢の減免を訴えます。たとえば、次の史料をみていただきたいと思います。

目安　遠江国蒲御厨東方諸公文等謹みて言上す、

右、先度申さしむ如くに候、当年旱魃の事、一国平均たるといえども、殊に当御厨の事は天水在所に候、適《たまたま》殖付け候田畠依皆損により、御領迷惑仕り候、然間に申し定め候御年貢無沙汰に仕り候、打続く作毛無足に仕り候、地下人等少々懸落仕り候、併《あわせ》て御憐愍《れんびん》を以て御扶持を預け候は、末代御領畏れ入るべく申し候、此条尤も態《わざわざ》飛脚を以て申し上げるべく候といえども、御領無其便なく候の間、其儀なく候儀候、努々《ゆめゆめ》緩怠あらずの儀候、仍て粗《あらあら》言上如件、

康正三年十月　日　　　蒲御厨東方諸公文等

御奉行所

（『県史』二―二一七七号）

この史料は、〝今年の旱魃によって、雨水に頼っている蒲御厨では、植え付けをした田畠がすべてダメになってしまい困っている。決められた年貢も納められず、地下人のなかには「欠落」する者もでてきてい

る〟ということが書かれています。東方諸公文らの鬼気迫る感じが伝わってくるかと思います。彼らは、当時、年貢の納入を迫る領主と、自然災害などを背景に年貢の減免を訴える地下人との間に挟まれて大変苦心していました。領主からは年貢を要求され、御厨の民からはその減免を訴えられます。公文らは地域に密着していましたから、その実像をよく理解していたのでしょう。そのため、公文らが百姓らの上に立って、代官や東大寺油倉に訴えを出す事例が頻発してきます。その典型的なものが、宝徳元年（一四四九）に起きた代官応島氏の更迭事件です。応島の非法について、蒲御厨公文百姓らは協同して東大寺に対して訴えを出します。欠損部分が多いのでそのまま全文を挙げてみましょう。

□州蒲御厨諸公文〔　　〕

右□〔　　〕以目安申上〔　　〕謹以拝見仕候、

一応嶋五郎衛門方より牢人〔　　〕企候之由、構虚言依御注進、以甲斐殿〔　　〕御成敗之
御書御下候、雖然曾さ様〔　　〕守護代方様・甲斐三河殿様〔　　〕数度以御折紙無為還住
肝要〔　　〕候へとも、先度如申上候、無理之御〔　　〕、此御代者中〳〵還住仕間敷候、

一我々御領堪忍仕候時、先度〔　　〕入仕、無為還住させ候へと、国方〔　　〕方々を尋候
へとも、不尋出候之間、迷惑〔　　〕、結句生涯をさせられへきにて候、〔　　〕如申上候、
闕落仕候、

一国方より之御口入之御折紙、無□□〔　　〕進上申候、就御口入罷帰御馬〔　　〕可成申
候へとも、当政所方之御事者、何を仰候も当座に御返違候て、本に不立候〔　　〕候ても可失

面目候之間、如此申上候、
一当御代官未御領御座候て、御内之者共適残候家をこほち、作毛をと〔　　〕入候之際、其歎不
少候、
一当年はや麦を一粒蒔候ハす候間、来年之御年貢有間敷候、御不審候者、先々上司を下御申候て、御
領之次第可有御尋候、殊蒲之事者、田なとの事天水所にて候間、五年三年一度手かけす候、多分畠
之在所にて候、急々御申御沙汰候て、可然御代官下御申候ハてハ、長乞食可仕候、以此旨預御披露
候者畏入、弥致御公事懃可申候、粗言上如件、

潤十月日〔宝徳元年〕　　蒲御厨諸公文御百姓等

目安

御本所御奉行所

（『県史』二―二一〇八号）

空白が多くて内容が理解しにくいですが、蒲御厨の公文・百姓らが、代官応島氏の非法を訴えて、集団で逃散している様子がわかります。「還住《げんじゅう》」というのは、逃散をやめて元の家に戻ることをいいますが、「中々還住仕間敷候」（意地でも帰らない！）と訴えていることがわかります。代官応島は手下（「御内之者」）を使って、たまたま残っていた家を破壊するなどの非法を働いているというのです。この話は、もちろん、蒲御厨内という狭い地域で起きた些細な事件にすぎませんが、御厨の住民にとっては深刻な状況であったことがわかります。これに対して、公文・百姓らは、「当年はや麦を一粒蒔候ハす候間、来年之御年貢有間

敷候、御不審候者、先々上司を下御申候て、御領之次第可有御尋候」といっています。すなわち、〃疑うならば使者を遣わして見てみろ！〃といっています。続けて、「殊蒲之事者、田など《ど》の事天水所にて候間」（蒲御厨は、とくに水田を雨水頼りにしている地域なので）とも、説明しています。それにしても、荘園領主は、年貢をとることばかりに頭がいっていたようにも思えてきます。結果として、応島は処罰されますが、蒲御厨の住民たちの悲痛な叫び声が、本当の意味で、東大寺に届いたかどうかは怪しいところです。

三　蒲御厨の水不足問題

蒲御厨が「天水所」（自然の恵みである雨水に頼った農法）であったということには、人為的な問題もあります。すなわち、用水の不備が背景にあり、これがこの深刻な水不足を招いていたのでしょう。蒲御厨の政所石田義賢は、次のような申状をしたためています。

目安

自地下目安にて申上られ候ことく《如》、蒲用水東西ニ二すち《筋》立候処ニ、此間請取〔所〕のいわれにて候哉、久取す候、これも以前ハ出水候て、井袋・市野方又近主ニ河内殿様の御領にて候を、いまハ伊勢殿御内ニみなかわ《皆川》殿請取ニせられ候在所にて候おうせ《大瀬》と申処より、此用水なかれ《流》候、前ニ申候ことくに、本ハおうせより出候しか、此間其在所水出す候て、今ハてんりう《天竜》川と申大河より分候て、蒲の近所、吉良殿御領へ落行候間、又其ゑた《枝》川候か、本の蒲の出水の在所へ下落候間、今ハ本のことく蒲の用水ニ成候ハんする間、大儀の堤をつき候て、此水を可取候由、諸公文様談合候処ニ、みなかわ殿の代管ニみやつかさと申物、此在所ニ候か、此由を住進可申候とてさゝゐ候間、此由地下より目安をもんて住進申候、市野殿ニハ井料のしるし候、おうセ方ニハ井料と申事なく候、此間久蒲ゐ井を立し候間、其在所を作ニ■おうセの代管仕候間、かやうニ申○〔候て〕いかに作ニ成候共、井は他領より立るならいにて候間、本々蒲の用水にて候間、可然やうニ御取なし候て、此井をも立させられ候者、目出度存候由、諸公文様○〔御〕申候、此いわれニより候て、御年貢共や、もすれハ、未進ニ成候由、皆々侘○〔事〕にて候

三月日〔長禄二年カ〕　蒲政所（石田義賢）

東大寺油倉

まいる

（『県史』二―一三二一号）

この史料も大変難解ですが、当時の蒲御厨における用水の様子がよく示されています。蒲御厨には、もともと東西に二筋の用水が流れていましたが、何らかの理由によって水を得ることができなくなりました。そこで、天竜川の枝川を用いて堤を作って水を引きたいという要望が、地下（土地の人びと）から出ていたことがわかります。しかしながら、支配地の問題（利権）が複雑に絡みなかなかうまくいかない。この史料は、用水確保について、新しい「井」をひきたいという地下の要望を、政所の石田義賢が受け入れ、東大寺油倉に口添えを願い出たものです。

長禄二年（一四五八）頃になると、損亡によって蒲御厨からの年貢の京進は、完全に滞る事態に陥りました（『県史』二―二三二五号）。東大寺油倉妙祐は、蒲御厨の東西公文らの注進を受けて、寛正二年（一四六一）六月には、代官の更迭人事を行っています。これに替わって代官についたのは、大河内真家という人物です。同五年（一四六四）三月十一日、大河内真家は、東大寺油倉に対して、大風洪水での水損による被害を確認するように定使の派遣を願います（『県史』二―二四三九号）。

このように、公文百姓らが協力し、代官を罷免に追い込むほど、ある面においては共同体としての結びつきが強固であった蒲御厨ですが、自然災害に対しては、実に無力でした。大山さんが指摘したように、蒲御厨は畑作優位の地域でありましたが、稲作が全くできなかったわけではありません。東方においても、長田村など一部の村については稲作中心の農業が展開されていました。むしろ、この時期の蒲御厨では、惣村の自立性が注目されます。宝徳三年（一四五一）十月とみられる申状のなかに、「段銭の事は、神明御造よりほかは有まじく候の処に、この御代官は上へ召上げられ候の間、御造候はず候、か様の次第を堅く歎き申すに依り、諸公事免許の御奉書を下し給い候の間、公文等目出度《めでたく》畏れ入り申し候の処に、御奉書は入まじき由、御代官仰せ候て召され候の間、二十一ヶ年に仕まつり候御造、はやそこばく（幾許）延引仕まつり候に依り、社頭大破に及び候、公私然るべからず候」とあり（『県史』二―二一二八号）、神明宮の御造に対しての御厨住民の心情が垣間みられます。また、蒲御厨の住民たちの抵抗としては、先ほどみたように、個別の「欠落」や逃亡ではなく、集団による「逃散」という抵抗がよくみられるようになってきます。これは、荘民たちが集団で行うストライキのようなものであり、自分たちの要求が認められるまで粘り強く抵抗を続けました。公文百姓らによる集団的な結束が、強まってきた様子が明らかになります。

中世の大寺院として、時代の中心にあった東大寺の〝文明〟。そこから発信された〝文明〟も、まだ〝自然〟を完全に克服するには至っていませんでした。民衆たちは、様々な利害を乗り越え結束を深め、協働して問題の解決をしようとしました。いわば、〝自然〟に即しながら、地道に〝文明〟への道を築こうとする動きは、確実にあったと思います。しかしながら、彼らの上に君臨していた大きな〝文明〟（＝東大寺）は、自らの領主としての論理のもとに、〝自然〟に即した蒲御厨の住民たちの生活を妨げていたということができるかもしれません。蒲御厨の支配を担った代官たちは、次々に民衆たちの信頼を失い、更迭されていきます。この動きに、在地の民衆たちの結束力と自立性の高さを見出すことは間違っていないでしょうが、その背景には、〝自然〟と直面する地域の実情を、中央に居座る〝文明〟が、把握できていなかった（あるいは、しようとしなかった）ことに、その問題の根底がみられるように思えてなりません。いずれにせよ、〝文明〟の側にあった十五世紀の「平地の民」のくらしも、まだまだ完全ではなかった様子がうかがえます。

四　〝文明〟からの逃走

さて、この事実は、何を示しているのでしょうか。大風呂敷を広げたいい方をしてしまえば、これは〝文明〟の限界ともいえるでしょう。〝文明の限界〟は、人口の二方面への移動をうながしました。一つは、より完成された「都市的な場」への移住です。先ほど少し触れた、下人たちの引馬市への逃亡は、まさにこれを示しているでしょう。そしてもう一つは、〝自然〟や未開の側への移動です。東大寺側は、こうした二方面への逃亡を決して許しませんでした。近隣の荘園に命じて逃散した者たちを見つけ出そうと必死になっています。領主権力は暴力と脅しをもって、逃げ出す人びとを囲い込もうとします。一方の逃げる人びとは、東大寺の力が及ばない、人里めざし山間の集落をめざしたことでしょう。そのなかには、天竜や引佐地方などの山間部が含まれていたかもしれません。一般的に、「中世末・戦国期には山間部落中心の耕地から、自然堤防上の村落が生産力的に優位になる傾向がみられた」といいますが（西ヶ谷恭弘『戦国の風景　暮らしと合戦』東京堂出版、二〇一五年、一〇二頁）、十五世紀はその過渡期です。近世になると治水・灌漑技術の向上によって平地部に安定的な村落が形成されるようになりますが、十五世紀のこの時期はまだまだその段階には至っていませんでした。より食える〝自然〟の側への逃亡が、実際には大きかったのではないかと考えられます。

以上、十五世紀の遠州における「平地の民」、すなわち定住民の生活をみてきました。十五世紀の段階では、旱魃や飢饉という自然災害に対して、住民たちはまだまだ盤石な体制を築いていませんでした。東大寺による支配は、現地の状況――自然や環境、風土――を熟知したものではなかったのです。その意味では、十五世紀の蒲御厨の歴史は、まさに公文百姓らの苦しみと抵抗の歴史です。こうした意味で、かつて、菊池武雄さんが導き出した次の結論は、実に的を射ていたと考えられます。

……蒲御厨の惣中のイニシャティブを握っていた蒲の諸公文が十五世紀に於ては、時の守護斯波氏の有力被官応島氏の支配に抵抗して此れを退け、十六世紀には今川氏の支配下に甘んじて屈したのであろうか。……此の問題の答えを簡単に要約すれば、諸公文（名主）の庄園制的特権に基づく郷村内の社会経済的優位性と従ってその生産関係を本質的に認め、かつその持続を支持する所謂古代的権力と、其の権力に支持を与えた当時の幕府、その幕府を支える性格を持った室町守護の権力が、応仁文明乱以後急激に衰頽した所の、その外部的条件と、そして又内部的条件としては、村落内部に於て、次第に経済的自立性を高めて来た平百姓の数の増加と、その自立性の度合の増大の傾向が名主の郷村内部のイニシャティブの保持に対し脅威を高めて来た。此の内部的及び外部的な社会的諸条件の変化に対して、彼等の村落内の優位性の保持の為に、自分達の基本的な立場と構造を認め、内部的脅威に対する支柱となるべき強力な権力を必要とし、待望していたのである。

（菊池武雄「戦国大名の権力構造」『歴史学研究』一六六号、一九五三年）

ここで、菊池さんは、当時の蒲御厨社会がおかれていた問題を、「外部的条件」「内部的条件」にわけて説明しています。このうち、とくに、「内部的条件」が注目されます。蒲御厨で、平百姓たちが「経済的自立」を達成し、中間層のイニシアティブの保持に「脅威」を与えたことは一面で事実です。しかしながら、むしろ、欠落や逃散の頻発している事実にこそ注目すべきだと、私は考えます。現地で暮らす御厨の民たちは、克服できない〝自然〟と、それに対してあまりに無力でみせかけだけの〝文明〟に対して、怒りと悲しみを抱いていたでしょう。十五世紀の遠江では、〝自然〟に対する〝文明〟の優位は、まだまだ確定的でなかったことが知られます。

五　「平地の民」と「山の民」

井伊氏の拠点とする引佐地方と蒲御厨は、それなりに離れていましたので、両者が直接にかかわった証拠を見出すことはきわめて難しい問題です。しかし、一つだけいえるのは、十五世紀の同じ遠江という地域にありながら、平野部の蒲御厨と山地の引佐の社会が、いかに異質なものであったかということです。何度も述べているように、遠江井伊氏が十五世紀に残した古文書は、今のところ確認できません。井伊氏は何度も滅びかけていますから、文書が散失した可能性もあるでしょう。しかし、一般的に大きな寺社などへの寄進状などは残される（寺社が焼失しても写しが残る）傾向もあり、井伊氏ほどの有力一族の古文書が残っていないことは、むしろ不思議です。井伊氏がどのような人びとであったかは、本来ならば彼らの「ことば」から探っていくのが、歴史学の常道手段です。しかし、井伊氏の研究にはそれができません。むしろ、彼らが「ことば」を残さなかったことに、大きな意味があったように思います。すなわち、そこに「山の民」としての一つの特徴があらわれているのではないでしょうか。

いずれにせよ、井伊氏の痕跡は、〝文明〟の側にあった人物の日記や周辺の記録などから探っていく必要がありますが、引佐地方にのこる棟札や鰐口も一つの手掛かりになります。先ほども述べたように、この頃、引佐の山村では、井伊氏らを「大檀那」として村鎮守がつくられます。これは、「総村」が成長し、鎮守をつくるほどの余力が生まれてきたことを意味しているでしょう。山に生活の基盤がある彼らの生活は、旱魃などに対して比較的強かったのではないかと思われます。また、平地からの人口の流入もあったでしょう。いずれにせよ、十五世紀の蒲御厨の生活と、井伊氏の拠点とする「井伊郷」のくらしは、随分と違っていたことがわかります。

さて、こうした十五世紀を経て、遠江は、十六世紀の、いわゆる戦国時代と呼ばれる転換期をむかえていきます。

第二章　遠江の戦国時代——三方ケ原の戦いの歴史的意味——

一　応仁の乱とは

さて、ここでは話を一端もとに戻し、応仁の乱以降の遠江の歴史をみていくことにしましょう。まずは、応仁の乱について簡単に確認します。「戦国時代」のはじまるきっかけとなったこの戦乱については、歴史の授業等でご存知の方も多いかと思います。ここでも共通理解をもつために、山川出版社の『もういちど読む　山川日本史』（五味文彦・鳥海靖編、二〇〇九年、一一八〜一二二頁）をまずみてみましょう。

足利義満の死後、将軍義持の時代になると、義満におさえられていた守護大名が勢力を増した。彼らは義持の死に際し、義持にあとつぎを指名してほしいとのぞんだが、義持はそれに対して、「自分が遺言したとて用いられなければしかたがない。みなで協議してきめよ」とことわったという。ここに守護の力の上昇がうかがえる。結局、くじで出家していた弟の義教があとつぎに選ばれた。

義教はあとをつぐと、その直後の一四二八（正長元）年、正長の土一揆がおこった。これは近江坂本の運送業者（馬借）が徳政を要求してたちあがったのをきっかけに、京都近郊の農民が参加しておこしたものである。彼らは幕府の財源となっていた高利貸業をいとなむ土倉・酒屋や、寺院をおそい、売買・質入れの文書を破りすて、それらの無効を宣言した。

……（中略）……

義教死後の幕府は守護大名の勢力争いの場となり、やがて細川勝元と山名持豊（宗全）を中心とする二大勢力が抗争するようになった。両派は、将軍義政のあとつぎをめぐる弟義視と義政の妻日野富子のうんだ義尚との争いを中心に、斯波・畠山などの守護大名のあとつぎ問題などでも二つにわかれて争った。

このころの相続は分割相続から単独相続へと完全にかわり、家を相続した惣領（家督）の立場が強くなったぶん、その地位をめぐり、一族や家臣団がたがいに争うことが多くなった。こうした争いをつうじて下位のものの実力がしだいに強化され、実権は主人から下位のものへと移っていった。指導力を失い、権威のおちた幕府の力ではもはや家督争いを解決できず、二大勢力は東西にわかれてついに戦闘状態にはいった。

戦乱は一四六七（応仁元）年から十一年間にわたってつづいた（応仁の乱）。戦場となった京都は、傭兵として使われた足軽の乱暴などで焼野原となり、戦乱のあいだに、貴族や寺社だけでなく幕府の没落・衰退は決定的なものとなった。諸国の荘園・公領は守護代や国人に押し取られ、京都に住むかつての支配層の生活の場と経済は、根底からくずされてしまった。

応仁の乱の概説的な経緯は、おおむね右の通りです。この文章からも、応仁の乱がいかに日本史上重要な出来事であったかがうかがえますが、東洋史学者の内藤湖南（一八六六〜一九三四）の次の文章に注目してみたいと思います。

兎に角応仁の乱といふものは、日本の歴史に取ってよほど大切な時代であるといふことだけは間違のない事であります。而もそれは単に京都に居る人が最も関係があるといふだけでなく、即ち京都の町を焼かれ、寺々神社を焼かれたといふばかりではありませぬ。それらは寧ろ応仁の乱の関係としては極めて小さな事でありますす、応仁の乱の日本の歴史に最も大きな関係のあることはもっと外にあるのであります。

大体歴史といふものは、或る一面から申しますると、いつでも下級人民がだんだん向上発展して行く記録であると言っていいのでありまして、日本の歴史も大部分此の下級人民がだんだん向上発展して行った記録であります。其中で応仁の乱といふものは、今申しました意味において最も大きな記録であると言ってよかろうと思います。

こう述べた上で、湖南は、「今日多数の華族の中、堂上華族即ち公卿華族を除いた外の大名華族の家といふものは、大部分此の応仁の乱以後に出て来たものであります」「応仁の乱以前にありました家の多数は、皆応仁以後元亀天正の間の争乱のため悉く滅亡して居ると言ってもいいのです」として、さらに、次のように続けます。

それから源平以後、守護地頭などになりました多くの家も、大抵は皆応仁の乱以後の長い間の争乱のために潰れてしまいました。それで応仁の乱以後百年ばかりの間といふものは、日本全体の身代の入れ替りであります。其以前にあった多数の家は殆ど悉く潰れて、それから以後今日迄継続している家は悉く新しく起った家であります。斯ういうことから考えると、応仁の乱というものは全く日本を新しくしてしまったのであります。

そして、湖南は、「大体今日の日本を知る為に日本の歴史を研究するには、古代の歴史を研究する必要は殆どありませぬ、応仁の乱以後の歴史を知って居ったらそれで沢山です。それ以前の事は外国の歴史と同じ位にしか感ぜられませぬが、応仁の乱以後は我々の真の身体骨肉に直接触れた歴史であって、これを本当に知って居れば、それで日本歴史は十分だと言っていいのであります、」という、あの有名な言葉をのこしています（＊以上、内藤湖南「日本文化史研究　応仁の乱に就いて」『内藤湖南全集』第九巻、筑摩書房、一九六九年、一三〇～一三二頁。現代の表現に置き換えました）。日本文化史の枠組みで考えた場合、応仁の乱を大きな画期だと考える見方は全く正論です。京都が戦場となり、守護大名が地方へと拠点を移すことになったため、中央の文化が、地方へと波及していくことになりました。もちろん、地方にもそれぞれの固有の文化が形成していましたが、それが中央のより体系化された文化と融合し、新たな文化を生み出していくことになります。

ただし、遠江の歴史を考えた場合、内藤湖南の指摘は、さらに重要な意味をもちます。すなわち、守護大名・戦国大名として君臨する今川氏は、もともと足利家の一門の分家です。応仁の乱以前の家ということになりますが、ご存知の通り、永禄年間に戦国大名としては滅亡します。これは、湖南の指摘の通りです。しかし、井伊氏のような応仁の乱以前からあった古い家――すなわち、内藤湖南によれば、その多くは、室町時代に潰された家――が、なぜ、近世・近代と名門として存続し続けることになったのか、そんな問題が新たに浮上してくることになります。湖南に従えば、時代の潮流によって潰されてしまう運命にあったはずの井伊氏が、なぜ生きながらえることができたのでしょうか。応仁の乱以降の遠江の地域群像をみていくことにしましょう。

二　斯波氏　対　今川氏

まず、室町幕府きっての実力者であった今川氏と斯波氏には、遠江の支配をめぐって根深い確執がありました。応永七年（一四〇〇）に、九州探題であった今川了俊が、大内義弘の乱に加担したとの嫌疑をかけられ失脚する事件がありましたが、これを主導したのは、管領斯波義将であったといわれています。実際、この件以後、同十二年（一四〇五）には、遠江守護は斯波義教が担うことになっていきます（もっとも斯波氏にも内紛があり、守護代の甲斐氏との対立などもありましたが…）。今川了俊の左遷事件以来、斯波氏と今川氏は、遠江の領知をめぐって因縁が残りました。応仁の乱が起こると、この対立は、一気に再燃します。井伊氏は、斯波氏へ味方したとみられますが、十四世紀の様子については詳しいことはよくわかりません（『井伊直平公一代記』には、今川方に味方とあります）。井伊氏にとって、今川氏は、まさに先祖の恨みでしたから、斯波氏の方へ味方する理由はよくわかります。もちろん、井伊氏のなかに、室町幕府の秩序のなかで、三管領斯波氏の方が「支配の正統性」をもつという認識があり、それに従った可能性も指摘できます。しかし、この場合、やはり南北朝期からの連続のなかでとらえていくべきでしょう。

斯波氏と今川氏の遠江における戦いは、斯波氏に味方した国人である勝間氏・横田氏を中心に形勢が動きます。抵抗を続ける両氏でしたが、文明七年（一四七六）には、今川義忠軍の攻撃を受けて、両氏ともに討死にします。しかし、この時大きな事件が起きました。『今川記』は、この事件のことを次のように説明しています。

文明七年の春、遠江国住人横地四郎兵衛・勝田修理亮謀反を起し、武衛殿に内通し、故狩野介か館を城郭にかまへ楯籠、悪逆しきりなりしかは、今川義忠駿河を打立、久野佐渡守・奥山民部少輔・杉森外記・三浦次郎左衛門・岡部五郎兵衛御供にて、五百余騎を二手に作り、横地・勝間田か城を取巻、夜昼息をもつかせす攻戦ひ、七日に当る夜中、両人ともに討死し、子共・郎等とも皆敗北しけれは、御本意をとけられ、頓て駿河へ御馬を返さるゝ時、不図に一揆起り、塩見坂（遠江国城飼郡）にて切てかゝりしかは、俄の事にては有り、夜中の事なれは、御供人々さはくといへとも、義忠はすこしもさはき給はす、御馬を立なをし、自身切て落し、東西を乗まはし下知して、一揆の輩皆追落し討捕給ふ、然といへとも、いつくより来りけん、流矢一つ飛来り、大将の御わきにのふかに立、いたてにて次第次第によはり給ふ、其後町屋へ入奉り、色々いたはり申けれ共、甲斐なく、其の明朝、御年廿八にて御逝去あり、御供の人々せんかたなくして、御死骸の御供申、駿河国へ帰りて御葬礼いとなみ奉る、長保寺殿と号し申、御道号は桂山宗公と申ける、

（『県史』二―一二六三一号）

ここにあるように、今川義忠は、おそらく横地・勝間田両氏の残党とみられる「一揆」の急襲を受け、突然戦死を遂げました。今川家惣領の急死は、各方面に大きな衝撃を与えました。歴史を知っている私たちは、この数十年後に起きる、桶狭間の合戦のことをどうしても想起してしまいますが、義忠の急死が東海地方に与えた衝撃も大きかったと思われます。今川氏による遠江国の統一は、なかなか完成しません。今川氏の中心では「文化サロン」が活性化し、〝文明〟としての様相を呈していましたが、その周縁にあった遠江・三河では、暴力と暴力の応酬が続く、「野蛮」な状態にあったようにも思えます。

十六世紀に入ると遠江は、ますます混乱しました。今川義忠の子氏親が、叔父である伊勢新九郎（北条早雲）の支援を受けて、遠江へと版図を広げる動きをみせてきたのです。これに対して、遠江守護の斯波義達は、国人領主である井伊氏や大河内氏を率いて、今川氏と交戦しました（小和田哲男『争乱の地域史』清文堂、二〇〇一年参照）。今川方の朝比奈泰熙は、永正七年（一五一〇）十一月二十三日には、蒲周辺などに陣をとり、二十六日には引馬に着陣する予定であることを、大沢氏に伝えています（「大沢文書」『県史』三―五三〇号）。堀江城主であった大沢氏の政治的立場がよくわかります。

永正七年（一五一〇）、斯波軍が本陣をおいていた「まきの寺」が、今川軍による焼き討ちを受けたといいます。その後、翌八年（一五一一）二月二十日には、今川軍が忍者を使い、「井伊次良（郎）」の陣所を焼いています。井伊氏・大河内氏側も、同九年（一五一二）閏四月二日には、今川方の村櫛新津城に攻撃を加えています。しかしながら、同十年（一五一三）三月七日の三岳城の攻略によって、遠江は、今川氏親のもとで平定されていくことになりました。なお、永正七年から九年までの戦闘の過程は、伊達忠宗がまとめた軍忠状からその様子が詳細に知られます。そのまま引用してみましょう。

武衛様御陣所度々火事之事

永正七年十二月廿八日

一まきの寺御陣所火事にて花平へ御移候、

永正八年

一正月五日午剋時分　花平御陣所・御番所・同御たい所火事

一二月廿日夜子剋時分　すゑ野殿御陣所幷御被官衆陣所卅間火事

一同所亥剋時分　ミたけ井伊次良陣所・番所火事

是ハしのひヲ付申候

一三月九日、寅剋時分　太田左馬助陣所初而其外卅余火事

同

一刑部城へ敵度々討詰候事

永正八年

二月十二日　引馬衆物見ニ出候跡ニ三百計、

七月九日　引馬衆原口へ五百計、

十月十七日　武衛御自身四手ニ分、千余ニて討詰候き、

同十九日　刑部口原口へ千五百計、是ハ五手ニ分、詰候き、
同廿三日　刑部口原口へ人数千余ニて、二手ニ分、詰候き、
同廿四日　刑部口へ井伊次良四百計にて、原口へ引間衆千余にて、討詰候、武衛御自身、気賀へ
　　　　　打詰させられ候、御人数千計にて候き、
十一月五日　刑部口へ三百計、
同六日　片山半六大将にて、武衛衆五百計打まハり、
同廿七日　刑部口より気賀へ働候衆七八百、
十二月一日　村櫛・新津へ詰候而、退候処を出合、しやうし淵にて、のふしはしかへさせ候き、
永正九年
正月十日　夜中ニ五百計、打詰候ツ、
同廿一日　人数五百計にて、刑部口へてちかく打詰候き、
同三月九日　川むかいまて、七八百打出候ツる、
同十七日　気賀へ打詰、むきをなけ、一日野ふしはしかへ候き、引間ハ原口へ打詰、巳剋より未
　　　　　剋まてやいくさてちかく仕候、
四月六日　武衛衆・引間衆・井伊衆千五百計にて、三手ニ分、ほり河へ一手打詰、せめ入候を、
　　　　　刑部より出合、おいこミ、ていたく仕候き、
同廿三日　武衛衆・井伊衆、下気賀まて打詰、むきをなけ、苗代をふミ返しのき候を、清水口へ

　　　　よこあひにのふしをかけ、さつゝゝにおいちらし候、
壬四月二日　武衛衆・井伊衆・引間衆太勢にて、村櫛・新津城へ取詰候而、新津のね小屋焼払候を、
　　　　刑部より村櫛へ七十計、舟にて合力仕候、
同三日　井伊谷へ朝かけニ刑部より働候而、三人いけ取退候を、敵したい候間、城より出合候
　　　　而、神明ふちにて、はたえを合をいこミ退候き、
其後も度々罷出候へ共、指儀不仕候処、則引間為御退治、御進発、原河ニ御座之後者、一向不相働
候、

伊達蔵人丞忠宗

（『県史』三―五六三号）

この史料から、斯波氏（武衛）と今川氏との戦いの経過がよくわかります。総じて、井伊谷・刑部・気賀などの地域で戦闘が繰り返されていたことがわかります。地形からいえば、山間部に拠点を構えた井伊氏方が、村櫛・新津など浜名湖岸の今川方の勢力とぶつかっています。すなわち、井伊氏や斯波氏は、花平や三岳などの山間部に陣所を設け、平野部の今川氏（刑部・新津・村櫛などに拠点がありました）と抗戦していたとみることができるでしょう。「しのひ（忍）」によって、陣所に火をつけられるなど苦戦していた様子もうかがえます。ここにも、南北朝動乱以降の、あの〝自然〟と〝文明〟の対立の構図が色濃く残っていることが知られます。また、連歌師宗長（一四四八～一五三二）による『宗長手記』には、この戦いについて、次のような記録がみえます。

又《（永正十一年）》、大河内、信濃・参河・尾張をかたらひ、大乱をくはたつ。此度は御進発。笠井庄□《愕》厳寺に御馬立らる。諸軍勢河をうち越、大菩薩と云山に着陣。北に伊井次郎深岳といふ山、武衛を覚悟申、又牢人以下相あつまり、毎夜の篝暁の星のごとし。泰以やす〱とうちおとし、武衛同奥の山に退、則尾張帰国。この深岳の城、中比、甲斐美濃守、数千軍兵にて、三ケ年におよびせめ、つゐに落居せずとなり。泰以戦功により、当国無為に属す。

（島津忠夫校注『宗長日記』岩波文庫、一九七五年、一〇～一一頁）

この史料中における「牢人以下相あつまり、毎夜の篝暁の星のごとし」とはどのような状況を指しているのでしょうか。そこには、当代一流の文化人であった連歌師宗長が感じ取った、何か異様な力の存在がみえかくれします。宗長は、もともと今川義忠に仕えていましたが、その後上洛して宗祇に連歌を学んだ人物です。今川氏親と親しかったこともあり、今川サイドから記述をしています。朝比奈泰以（?～一五一八）のことを高く評価していることが、短い文章のなかからも読み取れます。また、ここから、井伊氏（「伊井次郎」とあります）が、「奥の山」「深岳」（三岳のこと）に斯波氏を「覚悟」して戦っていたことが確認できます。ちなみに、当時、宗長は今川方の諸将の邸宅などに訪問し、連歌会を興行するなど文化活動に励んでいました。大永七年（一五二七）四月には、遠江国鵜津山城に滞在し、次のように記録しています。

風雨に又一日ありて、国のさかひの城、鵜津山にいたりぬ、此鵜津山の館といふは、尾張・三河・信濃のさかい、やゝもすれは競望する族ありて、番衆日夜無油断城也、東・南・北、浜名の海めくりて、山のあひゝゝせき入、堀入たる水のことく、城の岸をめくる、大小舟岸につなかせ、東むかひは堀江の城、北は浜名城、刑部の城、いなさ山、細江、舟の往来自由也、西一方山つゝきにて、敵の思かゝるへき所もなし、此一両年を、長池九郎左衛門尉親能承、普請過半、本城の岸、谷の底まて、たつに堀つゝけ、あしをとゝむへきやうもなし、三ヶ国の敵のさかひ、昼夜の大鼓夜番の声、無寸暇きこゆ、一日逗留、連歌興行有増、しかれとも老屈休息、発句はかり、一巡八、九人……

（「宗長手記 下」『県史』三―九六九号）

一見すると、事実を淡々と伝えているようですが、ここにも、文化人である宗長らしい語り口が見えます。鵜津山城（湖西市）という「境目」の城にありながら、彼は〝文明〟側としての立場を固辞していま す。極端にいえば、宗長の脳裏に、〝文明〟の側にある今川氏が、〝自然〟（未開）の側の「族」「敵」を制圧する、というイデオロギーが隠されているような気がしてなりません。それは、当時の文化人たちの間で共有されていた一つのイメージだったといえるかも知れません。

なお、遠江における斯波氏と今川氏の決戦を考える上で、引馬城主の大河内貞綱（?～一五一七）の立ち位置は重要です。大河内氏は元々、吉良領引馬荘の地頭でありましたが、次第に成長していき、この時は斯波方の代表格として戦っています。大河内氏は、今川方の朝比奈泰以らの攻撃によって一端敗北したものの、永正十二年（一五一五）、今川氏親が甲斐武田氏の内紛に介入している隙に反撃に転じます。翌十三年（一五一六）三月、引馬城を占拠し、斯波義達とともに籠城することに成功しました。しかし、同十四年（一五一七）八月、安倍金山の金堀衆らに井戸の水源を抜かれたことにより、引馬城は陥落します。

大河内貞綱は自害し、斯波義達も出家させられ、斯波氏は遠江国からの撤退を余儀なくされました。この金堀衆に井戸を抜かれた話は有名ですが、ここに今川の特質をみることが可能でしょう。「金堀」とは、いうまでもなく、金山や銀山などの鉱山労働を指すものでありますが、いってみれば、〝自然〟から資源を得ようとする、〝文明〟的な行為の典型のようなものです。技術をもって〝自然〟を克服・攻略していく営みに違いありません。そうした〝文明〟の力を借りて、今川氏が斯波氏や大河内氏を撃退したことに、私たちは注目しなければなりません。いずれにせよ、今川方は、暴力に頼らず、知略をもって敵を攻略しました。金や銀は、〝文明〟の象徴のようなものです。鉱山から人工的に金・銀を掘り出していく行為は、〝自然〟をコントロールする〝文明〟の側面をもっともよくあらわしています。ここには、〝文明〟の側による〝自然〟の側への侵略を象徴的にあらわしているように思えてなりません。

三　井伊直満・直義誅殺事件

さて、遠江における斯波氏と今川氏の対立は、今川氏の勝利をもって終わりました。井伊氏も今川氏への服属を余儀なくされます。再び井伊氏は、今川氏によって制圧されてしまいます。しかしながら、やはり今川氏は、井伊氏を完全に駆逐できません。井伊氏は今川氏に恭順することになりましたが、滅亡しません。今川氏の方に、井伊氏を滅亡させる意志がなかったわけではないでしょう。今川氏は、戦いにおいて井伊氏を駆逐できたとしても、井伊氏の背景にある社会構造そのものを掌握することはできなかったのです。

斯波氏の撤退後、それに与して戦っていた井伊氏は、今川氏の傘下に組み込まれるようになったと考えられます。実際、井伊氏の惣領直宗は、天文十一年（一五四二）、今川義元に属して三河国田原城攻めに参戦し、戦死しています。しかし、今川氏は、井伊氏に対して厳しい処置をとります。同十三年（一五四四）十二月、井伊直宗の弟直満と直義が、家老小野和泉守の讒言によって、今川義元によって誅殺される事件が起きます。小野和泉守は、井伊氏の家老ではありますが、実際は今川氏の「目付役」であったと考えられています。この事件の後、直満の子である亀之丞（後の井伊直親）は、身の危険を感じ、避難することになります。この時の経緯については「井伊家遠州渋川村古跡事」のなかに次のようにあります。

井伊十六代、前肥州大守直親公御幼年の時、信州へ落行、当寺《(東光院)》御滞留の事、童名は亀之丞と申上候なり。天文拾丑年頃より、甲州武田信玄公の家人、東北遠江境井伊家の領地押領致し、これによって井伊彦二郎直満、井伊平治郎直義、引馬城主井伊直平公へ如何可致哉と内申処、井伊直盛公家老小野和泉、兼て井伊城を押領せんと陰謀の心底故、密に駿河え讒言す。因茲に、早々召状到来、直満・直義両人共に駿府え下向、終に天文十三年辰十二月廿三日駿府にて傷害なり。其上直満が実子亀之丞も失ひ可申旨、義元より下知候故、直満が家老今村藤七郎、密に亀之丞を負ひ、井伊山中黒田村迄忍落、俄に亀之丞病死、今村も自害と申立夜中に当寺へ落玉ふ。極月廿九日なり。明れば天文十四年卯正月三日、夜中に住持能仲案内にて大平村より坂田峠を御越、信州伊那郡市田村松源寺え無恙御落行被遊十二年の間隠れ居被遊、天文廿三寅年小野和泉病死、依之直盛公より信州へ被仰遣、井伊亀之丞・今村藤七郎同伴にて弘治元年卯二月御帰国、当時御滞留被遊、同三月三日御出立井伊保え御着、則直盛公御養子に相究、井伊肥後守直親と御名のられ奥山因幡守朝利女と縁組被遊、祝田村に御住居被遊候と申伝え候。

天文十四年信州へ御落の節、坂田峠を御越の時、大平の住人右近次郎弓挽矢を射付候に依て御帰国の節、岡歫と申所にて右近次郎は仕罪に相成候。右近次郎の墓所地蔵久保に西に在り。直親公御休息の場所を桜地蔵と称今に在り、秋葉往来より路上二丁半斗り上る

（『引佐町史料　第四集』）

これは、あくまで伝承的な記述であり、事実を反映しているとは直ちに考えられませんが、興味深い論点がいくつも含まれています。まず、天文十年（一五四一）段階で、武田信玄の勢力が井伊氏に脅威を与えていたことが書かれています。これは、いわゆる河東の乱が関係しているでしょう。河東の乱とは、天文五年〜十四年（一五三六〜一五四五）に起きた駿河今川氏と北条氏の戦いです。北条氏綱が駿河へ侵攻したことに端を期しますが、この際、今川家の家督相続に際して、義元に反目していた遠江今川氏（堀越氏）が、井伊氏とともに義元を挟み討ちにしました。この時、武田信玄（当時は、晴信）は、父武田信虎を駿河に追放し、武田家の当主となり、信濃侵攻をはじめました。遠江井伊氏の領地が「押領」されていくにはやや早すぎるように思われますが、武田家の存在が、この地域の人びとにとって身近であったことは事実だと考えられます。もっとも、この史料は同時代のものではなく、後年になって編纂されたものです。引佐地方は、元亀三年（一五七二）に武田氏の別動隊によって攻撃を受けていますから、そのことが

少しは念頭にあったかとは思われます。しかしながら、今川義元自身も対武田氏戦略にとって、井伊谷を重要な拠点と認識していた可能性もあります。今川義元が発給したという、次の史料を御覧ください。

遠州万國六郎左衛門尉屋敷、先年井伊谷押之地利と為し人数籠置くの処、信州衆出張の時、伊予守をはじめとして数多討取り、その吉例たるの間、彼の堀の分の年貢、年来の如く免許せしめ訖《おわへめ》。若し重ねて下知を加え開作せしめるについては者、相当の年貢沙汰せしめ、名主として永く相拘べきものなり。仍如件。

天文十六

七月廿一日

万國百姓

六郎左衛門尉

（『県史料』五―八一八頁）

この史料「万国百姓」というのは、現在の浜松市東区万斛の百姓のことですが、私たちが注目しなければならないのは、「先年井伊谷為押之地利」という文言です。井伊谷が、「押《おさえ》之《の》地利《ちり》」とされていたことがわかります。井伊氏の拠点としていた井伊郷は、信濃とのつながりが強くありました。この記述も、そのことを反映していたのでしょう。井伊郷は、信濃から続く山脈の南端にあります。それは、山で暮らす人びとの生活圏の周縁といえます。

いずれにせよ、今川義元が、井伊氏の動向を警戒していたことは間違いないでしょう。惣領を殺害することによって、井伊氏とその背後にある「山の民」たちをも統制しようと考えたのかもしれません。しかし、今川氏が井伊氏の惣領を殺害することになった大きな理由の一つに、今川家中のなかに反井伊氏の風潮があったのではないかとの推測もできます。「文化サロン」に属さず、「今川の文明」の外にあった井伊氏に対する警戒心は、今川義元や氏真だけではなく、むしろ、駿府にいる今川の重臣たちの間に強かったのではないでしょうか。

先ほどの直親の記事に戻りましょう。今川氏に追われた直親が、一時的に引佐地方の山中（黒田村近辺）に隠住したという記述も注目されます。また、この時、信州（現在の長野県高森町）へと直親が落ち延びているという伝承も重要です。これができた理由も、前節でみた宗良親王の場合と同様、《遠州―信州》の長い山道をたどるルートに精通していた人びとの存在を念頭におく必要があります。ここでも、〝ソトのアジール〟の力が存分に発揮されています。十六世紀、井伊氏は、「山の民」としての性格をまだ根強くもちあわせていたのではないかと考えられます。

なお、天文十三年（一五四四）前後の井伊氏について知る上で、大きな手掛かりとなる同時代の記録として、連歌師宗牧が記した『東国紀行』があります。すなわち、天文十三年十二月の項に、次のような記事がみえます。

……立別れ行らんかたの峰の雪汀のこほり思ひこそやれなと有けむ、不春軒西江山中まて物語しつゝ、すきかてにわかれたり、今泉弥四郎又五十町はかりをくりて、名もしらぬ山きハの里、神さひたるやしろのかたハら、その大まつたけなと、ともの人々かハらけ取出たり、こゝもとまての故実、定て父慶芳のしわさならんかし、このさかつきも数々のこりおほけれと、主ある神の木のもとなれハ別つ、井伊次郎殿へハ孝順知人にて、昨日申つかハしたり、このわたりまてむかひくるらんなと申もあへす、深山をこえて、侍の四五人、井伊殿同名彦三郎迎とてさきへ案内あり、いそき行ほとに、かた岡かけたる小城あり、これも井伊一家の人、今日谷まて下着あひさためたれは、抑留にをよはすとて、使僧して樽さかなをくらる、馬上盞の体なり、初夜の過に和泉守所へ落着たり、次郎殿やかて光儀、明日一座の懇望、又、

　太山にもやとやさくらの雪の庭

かゝる山中にて、執心大切なるこゝろをいゝさか風したるはかりなり、十四日、引間までいそきはへり、次郎殿自身、其外同名中、都田といふ所まて送ゆく、又さかつき、かりそめのやりとりにて、帰京の次、又かならすなとあれハ、

　帰りこむ秋をまたなん都田のあせの細水（ミチか）ゆき別るとも

といひつゝゆき別れたり、

（『県史』三―一七一六号）

この記録には、いくつも重要な手がかりが隠されています。まず、ここで登場する「井伊次郎」とは、直宗の次男直満か、もしくは直盛のことを指すとみられます。彦三郎というのは、井伊直義のことでしょう（なお、直満と直義は、この記事から数日後、今川氏によって殺害されています）。また、宗牧が、井伊氏の屋敷ではなく、家老の小野和泉守の屋敷に「落着」していることも注意しておく必要があるでしょう。

また、「この辺りまで迎ひ来るらんなど申も会へず、深山をこえて、侍の四五人、井伊殿同名彦三郎迎とてさきへ案内あり」という文言から、井伊氏が山間部に住む一族であったことを確認できます。「深山」を越えなければ、井伊氏の居城には到達できません。また、井伊氏一族の館が、各地に点在していたことも知られます。都田辺りまで見送りにきていますから、この周辺が「井伊領」の境目であったと考えてよいでしょう。しかし私たちにとってもっと重要なのは、都田が〝自然〟と〝文明〟の境界点であったという点です。都田から先の見付までは、案内がなくても通行できる道であったようです。しかし、極端な話をすれば、〝文明〟の側に住む人びとにとって、この都田よりも先の山間部は、異界であったのかも知れません。

宗牧の記録からうかがえるように、井伊氏が当時の文化人たちとの交流がなかったわけではありません。しかし、井伊氏が本拠をおいている地が、十六世紀においてなおも「深山」であり、未開の地であったことからもわかるように、その関係性はきわめて薄いものだったのでしょう。結局、井伊氏と今川氏は、根ざしている風土が全く異なっていたのです。

四　引佐の人びとのくらし

ここで同時期の引佐地方の一般の人びとの様子にも目を向けてみましょう。十六世紀になると、引佐地方の山間地域で、村鎮守が建設されるようになります。引佐郡井伊郷の川名村には、次のような棟札が残されています。

（表）

大日本国遠江州伊那佐郡井伊郷河名村六所大神宮殿曹柱根傾斜　大工藤原八郎左衛門尉貞親

奉襲造立六所大明神宮一宇　励大檀越藤原朝臣直広代官源氏小野源左衛門尉貞久寄進直広馬一疋

総村人願望命別而柱根菅原厚見弥八郎広範総村各々奉再興者也、

于時永正拾七年庚辰三月十二日申剋御殿入畢、同本願厚見誠仲信心衆議敬白

（裏）

右作事以上九十五人　　拝殿共仁

宝殿七十五人之分

（『県史』三－七四二号）

ここから永正十七年（一五二〇）三月十二日、川名村の六所神社が再建されたことがわかります。また、井伊氏とみられる藤原直広の「代官」である小野源左衛門もこれに携わっていたことが確認できます。井伊氏は、引佐の人びとの宗教秩序に深くコミットしていたようです。さらに、同十八年（一五二一）八月十四日には、奥山村でも田草大明神の再興が行われ、以下の棟札も伝わっています。

（表）

天下大平

奉再造立　田草大明神　願主　藤原朝吉

国家安全

（裏）

遠州引佐郡井伊庄奥山村　　高本三百七石弐斗

山高拾四石四斗

永正第十八庚辰八月十四日再興至大永元辛巳九月廿三日梁上

同十二月十三日御遷宮

（『県史』三―七八七号）

三岳城が陥落してからまだ間もない時期に、こうした村鎮守の再建が引佐地方の各地で行われたようです。この事実は、ある程度の自立性をもつ惣村が、引佐地方にも形成していたこと示しています。引佐地方の各地に一族を配していた井伊氏はこうした力を背景に、今川氏によって討滅された後、勢力を挽回していたのでしょう。

五　今川義元と井伊直親

では、もう一度、直親の事績を考えてみましょう。直義らの処罰にとどまらず、幼年の直親までをも殺害しようとしたといわれる今川氏。読者のなかには、なぜ今川氏が、ここまで井伊氏を苦しめるのか、疑問に思う方も多いかと思います。その答えは、意外に単純です。今川氏が、井伊氏を怖れていたからでしょう。いや、言葉を換えれば、井伊氏のもつ〝自然〟の力を怖れていたのでしょう。今川氏は、義元を中心に『今川仮名目録』と呼ばれる分国法の整備を進めます。まさに、〝文明〟の象徴として、自分の領国を支配する根拠である法整備を進めていきました。その反面で周縁に対しては、厳しい〝暴力〟を向けていたのです。これは、ある意味、〝文明〟の反作用とも呼べるかも知れません。

今川氏は、駿府の館を中心に繁栄を遂げていきます。そしてその力を三河から尾張へと勢力を広げていきました。今川義元自身が大軍を率いて西上します。

しかし、永禄三年（一五六〇）五月、遠州の人びとを震撼させる出来事が起きます。桶狭間の合戦によ る、今川義元の戦死です。当時は、まだ尾張国を統一してまだ間もなかった織田信長の攻撃によって、今川義元は討たれました。奇襲であったとか、乱取りの最中に本陣を狙われたとか、様々な学説がありますが、大軍の今川氏の兵が少数の織田の軍勢に破られたことは事実といえそうです。

当時の今川氏の戦略としては、「境目」地域の人びとを合戦に動員していました。後から今川氏に服従された井伊氏や松平氏などは、まさにその典型であり、危険な最前線に配置されました。実際、桶狭間の戦いでは、井伊氏の惣領である直盛以下多くの家中が戦死しています。また、この戦いで今川方についていた松平元康（のちの徳川家康）は、桶狭間の合戦後しばらく経つと、本拠の岡崎城に戻り、今川氏から独立していきます。

戦国大名として独自の領国を形成し、カリスマ的な存在であった今川義元の戦死は、とくに、遠江の国衆たちにとって衝撃的でした。後を継いだ今川氏真に対して、離反する動きが次々に出てきます。これは、今川氏の支配が、まさに〝暴力〟を根拠とした一方向的なものであり、周縁の地域に対して、「支配の正統性」を示せていなかったことのあらわれだといえるでしょう。

こうした三河や遠州の不穏な動きを察知した義元の後継者である今川氏真は、さらに〝暴力〟をもって、支配を実行しようとしました。こうしたなか、氏真が、真っ先に粛清を行ったのは、井伊氏でした。

永禄六年（一五六三）、今川氏から徳川方への内通を疑われた直親は、釈明のため駿府へと向かいます。しかし、この途中、今川の重臣朝比奈泰朝によって誅殺されてしまいます。『井伊家伝記』に次のようにあります。

一小野但馬祖父小野和泉守、肥後守直親公の実父彦次郎直満を傷害致し候宿意にて、主従共に父と父との遺恨相残り、平日君臣の間宜しからず、之に因り、直盛傷害の後井伊谷を押領致す可く陰謀兼て企み申し候え共、中野信濃守（直由）井伊保を預かり居り申され候故、様子見合い申し候折柄、直親折々三州岡崎の権現様へ往来、内通成され、其上井伊谷山中へ鹿狩にかこつけ、御人数遣わされ候。直親領地の内、山中、村々共鹿狩の案内成され候故、永禄五年壬戌の極月、小野但馬急に駿府へ罷り下り、今川氏真へ讒言申し候は、肥後守直親は家康公・信長両人へ内通、一味同心仕り候。近日遠州発向の為に、先勢の人数遣わされ候。追々大勢参り候風説夥しく候。遠州は信長・家康公両人の手に入り申す可しと、委細に訴え申候故、今川氏真大に驚き、則、早々出馬、直親公を糾明、相攻め申す可き由にて、遠州懸川城主朝比奈備中守に先手申し付けられ候。

之により直親陳謝の為に新野左馬之助を駿府へ遣わされ候。後より直親公御越し成され候所に、掛川御通りの節朝比奈備中守取り囲み一戦に及び、直親主従粉骨を尽すと雖も、無勢故終には傷害成され候。直親公死骸一国の中故、南渓和尚僧衆遣わされ、引取り、龍潭寺に於て焼香成され候。

あえて説明する必要もないかもしれませんが、少し整理しておきましょう。まず直満・直義誅殺事件以降、今川氏に讒言したとされる小野和泉守の孫（実子ともいう）である但馬守と井伊直親の君臣の間柄はよくなかったといいます。そして、直盛が亡くなると、小野但馬守は押領を企み、井伊氏が松平氏と一味同心して謀反の疑いありとの情報を駿府に対して流しました。驚いた氏真は、急ぎ井伊氏追討を掛川城主の朝比奈備中守に命じます。井伊直親は、陳謝のために駿府へと向かう途中、掛川にて朝比奈氏と交戦し、戦死したという話です。

ここで、小野但馬守が今川氏に讒言した内容がきわめて重要です。とくに注目すべきなのは、「鹿狩」の話でしょう。井伊氏と松平氏が「鹿狩」という名目で、「人数」を派遣しているという点（「井伊谷山中へ鹿狩にかこつけ、御人数遣わされ候」）、この記述が仮に事実だとすれば、まさしく井伊氏と松平氏が、〝自然〟の力を背景として、勢力を蓄えようとしていたことを示しているといえるでしょう。もしこの点を今川氏と距離の近い小野但馬守が不信を感じ、さらにそれを駿府に報告したとするならば、〝文明〟の世界にいる今川氏真にとっては、さぞ脅威を感じたに違いありません。

六　虎松と新野左馬助

井伊直親の死によって、井伊氏はまた惣領を失い、滅亡の危機に瀕しました。直親には、この時、奥山朝利の娘との間に生まれた虎松（のちの井伊直政）という嫡男がいました。今川氏は、虎松の命まで絶とうとします。このあたりの事情について、再び、『井伊家伝記』の記述をみてみましょう。

一直親傷害の上、虎松様母子共に新野左馬助宅へ御入り遊ばされ候。小野但馬讒言故、氏真、虎松様を失い奉る可き旨、既に危き所に、新野左馬助身命に替て虎松様の御命を助け申し、左馬助宅にて我が女子と同じく養育する也。扨、新野左馬助ことは、遠州城東郡新野村三千石の地頭、今川義元の親族。左馬助妻は奥山因幡守妹。又、左馬助妹は井伊信濃守直盛公の妻也。右之重縁故、城東郡新野郷を隠居、井伊谷へ引越し居住。居住の屋敷今以て新野と申し之れ有り。直親公傷害の節は、井伊家の御一門、方々にて戦死成され、新野左馬助と中野信濃守ばかり井伊谷に住宅。之に依り、新野左馬助、今川家へ親縁之れ有る故、直政公の御命を助け申し、左馬助夫婦、息女共に無二に御介抱申し候所に、永禄七年に引馬城主飯尾豊前守（直平公家老）今川氏真に反逆の節、氏真より二千人の加勢を蒙り、井伊谷人数相催し、中野信濃守、新野左馬助両将にて飯尾豊前を相攻め、不運にして敗軍、終には遠州引馬の東南、天間橋にて両将共に傷害す。

この文章から、虎松は、新野左馬助の機転によって、このときの難を逃れたことがわかります。新野氏は今川家中で、今川氏の親族でもありました。新野左馬助の妹が、井伊直盛の妻となっていたため、井伊氏とは深い縁で結ばれていました。ちなみに、次章で注目する井伊直虎は、直盛と新野左馬助の妹の間に生まれました。虎松は、新野左馬助の尽力のお蔭により、難を遁れ、そのまま井伊谷に居住することになったといいます。惣領の井伊直親を失った厳しい時代の井伊氏を支えたのは、井伊谷城代となった中野信濃守と新野左馬助でした。しかし彼らは、今川氏から離反した飯尾豊前守の追討戦で戦死してしまいます。この戦いに従軍した者も井伊氏のなかには多かったとみられます。井伊氏にとっては、きわめて厳しい状況となります。後で述べますが、この時期に活躍するのが、「女城主」「女領主」といわれる井伊直虎でした。

さて、飯尾氏の叛乱に象徴されるように、永禄五年（一五六二）の井伊直親誅殺事件を皮切りにして、遠江では「国衆」たちの離反が相次ぎました。今川氏真自身がこの動きを「遠州惣劇」と呼びました。とくに氏真にとって衝撃であったのは、先に述べた引馬城主飯尾豊前守の離反であったでしょう。引馬城は、『井伊家伝記』などの記録によれば、もともと井伊直平の居城であったといいますが、ある時点で、飯尾氏が城主となります。今川氏にとって、遠江国の支配を考える上でもっとも重要な拠点でした。それは、斯波氏・大河内氏と今川氏の攻防戦の舞台が、まさにこの引馬城であったことからもわかるでしょう。

今川軍と飯尾軍は、永禄六年十二月から約一か月の間、引馬城近辺の飯田口で交戦しています。先ほどの『井伊家伝記』の記事のなかにみられた井伊氏が、飯尾豊前守らの軍勢と戦っている場面は、まさにこの引馬城主飯尾氏の叛乱を示しています。引馬城の城主であった井伊直平は、家老飯尾豊前守の妻によって毒殺されたことが関係していると思います。すなわち、井伊氏は今川氏に従ったというよりも、飯尾氏に対する報復攻撃としての側面があったようにも考えられます。

永禄七年になると、遠江における、今川氏への離反はますます加速します。また、犬居城主の天野氏も氏真に対して反旗を翻します。天野氏は、天竜の山深い地域に拠点を有していたので、武田信玄による懐柔策の誘いを受けやすかったのでしょう。もちろん、それだけではなく、天野氏の行動の背後にも、井伊氏と同じように民族レヴェルの深い問題が隠れていたように私は考えていますが、この点については省略させていただきます。

七　井伊谷三人衆の正体

さて、永禄十一年（一五六八）になると甲斐の武田信玄と三河の徳川家康による今川領国（遠江・駿府）侵攻の動きが強まっていきます。同年十二月、徳川家康の遠州入りが行われます。この時、遠州への「案内役」を担ったのが、いわゆる「井伊谷三人衆」と呼ばれる近藤康用・菅沼忠久・鈴木重時の三名です。彼らについて、少し解説しておきたいと思います。

まず、近藤康用（一五一七〜八八）は、宇利郷周辺に拠点をもっていたといわれます。元々、今川氏に従い、知行も得ていました。康用は、戦傷で歩行が困難であったため、息子の秀用が家康に奉公することになりました。姉川の戦い、三方ケ原の戦いにも従軍したといわれます。やがて、井伊直政によって編成されますが、直政の冷酷な性格に嫌気がさして離反します。あくまで、徳川家康の直参にこだわったのだと思われます。江戸時代になると、旗本として引佐地方一帯の支配を任されます。次に、菅沼忠久（？〜一五八二）は、奥三河に基盤をもつ菅沼氏のなかでは珍しく都田近辺に拠点をもっていた一族です。近藤氏と同じく、子・忠道が、井伊直政のもとに編成されて活躍します。最後に、鈴木重時ですが、彼は三河鈴木氏の一族で、柿本城を拠点としていたといわれます。同じく子・重好が、井伊直政のもとで活躍します。重時自身は、家康の遠州入りの際、堀江城の戦いによって戦死しました。

さて、彼らは、都田周辺に拠点をもつ菅沼忠久を除けば、奥三河の山の方にその基盤をもつ一族でした。菅沼氏の場合も、一族の拠点は奥三河にありましたから、彼らの中心的な活動範囲は、遠州・三河にかけての山間部であったことがわかります。なお、井伊谷三人衆が、徳川方に味方した理由は、菅沼定盈の懐柔があったことが知られています。この話は、宮城谷昌光さんの小説『風は山河より』で有名になりました。龍潭寺に武藤全裕さんが指摘されていますが、彼らは縁戚ネットワークを結んでおり、相互に交渉があったとみられます（武藤全裕『遠江井伊氏物語 第二版』龍潭寺、二〇一三年）。しかし、戦国期は、「下剋上」の風潮と一般的にいわれるように、血筋などあてにならない状況もありました。井伊氏と井伊谷三人衆は、三遠の山間部を拠点とする点で共通しますが、両者の具体的な関係は、なぞのままです。

さて、家康の遠州入りのルートには諸説ありますが、徳川家康が、「井伊谷三人衆」の手引きによって遠州に入ってきたことは諸記録で一致しており、疑いようがありません。彼らの協力もあって、家康は、遠州入りしてすぐに引馬城を手中にしています。井伊谷三人衆に象徴されるような近藤氏・菅沼氏・鈴木氏は、いずれも山間部において勢力基盤をもつ一族です。史料上あらわれないので見落としがちですが、その配下には、「山の民」の存在があったでしょう。彼らは、井伊氏と同じくこうした「山の民」たちを束ねる族長的なリーダーであったと考えられます。徳川家康は、彼らの手を借りて、はじめての他国進出（遠江侵攻）を成功させたのです。もっとも、これは、武田氏の勢力が優勢であって、今川氏が敗退していることはすでにこの時点では判然としていましたから、家康が勝つのは当然のことだと思います。しかしながら、私たちは、遠江の平地・都市部で暮らす人びと（「平地の民」）の気持ちになってこの動きを考えてみなければなりません。山間部から「山の民」を引き連れて攻めてくる徳川家康の軍勢に対して、人びとの抱いた恐怖は、はかりしれないものであったのではないでしょうか。史料が残っていないのではっきりしたことはわかりませんが、こうした見方はあながち間違っていないのではないかと思います。

写真 16　宇利城入口付近

なお、徳川軍に対して大きな抵抗を試みたのは堀川城の戦い（気賀一揆）でした。なぜ、気賀周辺の人びとは、家康の支配に厳しく反発したのでしょうか。地元に古くから伝わる説によれば、武田の「間者」たちによる揺動作戦があったことが伝えられていますが、これも文明史の立場から考えなくてはなりません。

気賀は、引佐郡においてもっとも先進的な地域でした。都田川の水運に恵まれたこの地域は、古くから物流の拠点として、市が開かれ、賑わっていたと考えられます。のちに徳川家康が、重臣の本多作左衛門に命じて、気賀町の形成に努めますが、そうしたポテンシャルが古くからこの地にあったと考えられます。すなわち、この堀川城の戦いも、徳川家康が率いてきた〝自然〟の力に対する〝文明〟への歩みをはじめていた人びとの戦いであったのでしょう。堀川城の戦いにおいて、家康はみせしめのため気賀住民たちを残忍に処刑したと伝わります。この〝暴力〟性もあるいは、当初の徳川軍が〝自然〟の側がその主戦力であったことのあらわれであったかもしれません。

八　今川氏の滅亡

さて、遠江において、徳川家康に抵抗した今川氏の「国衆」としては、浜名氏と大沢氏がいます。浜名氏は、室町幕府の将軍側近であり、歌人の家として有名でした。今川氏と深い親交があったため、徳川方の支配に対して抵抗しました。当主であった浜名頼広は、佐久城を家臣大矢政頼に守護させ、自身は武田氏のもとへと逃亡したといわれます。佐久城を守っていた大矢氏も、やがて徳川方に降伏するので、その抵抗はわりとあっさりしたものでした。遠江でもっとも激しく家康の支配に抵抗したのは、堀江城を拠点とする「国衆」大沢氏です。当時の当主だったのは、大沢基胤（一五二六〜一六〇五）です。この様子については、『寛政重修諸家譜』に次のようにあります。

今川氏真に属し堀江城を守る。永禄十二年三月十九日東照宮遠江国に御出馬あり。井谷の鈴木三郎大夫重路、菅沼次郎右衛門忠久、近藤登助秀用等三人をして堀江城をせめしたまふ。渡辺図書助成忠先手の軍監たり。このとき基胤は本丸に籠り、一族中安兵部少輔某をして三丸を守らしめ、権田織部佐泰長も是に加はりてたてこもり、かたく守りて防戦す。このときにあたりて遠江国大半御手に属すといへども、基胤なを氏真が命を守りて堅固に城を保ちし事を御感あり、四月十二日渡辺成忠を御使として御麾下に属すべきよし仰下され、中安兵部少輔某、権田織部佐泰長と一紙の御誓書を賜ひ、しかのみならず遠江国崎村、櫛和田、無木等の本領相違あるまじきむね御判物を下され、酒井忠次、石川数正及び渡辺成忠等よりも起請文を贈りしかば、基胤則御陣に参りてまみえたてまつり、恩命の辱を謝す。

この記録にあるように、遠江における「国衆」のうち、堀江城主大沢基胤だけが最後まで今川氏真に忠誠を尽くして戦いました。しかし、大沢氏も最終的には、徳川家康の配下に列することになります。大沢氏は、江戸時代になると徳川政権のなかで高家旗本の筆頭格として、儀礼を通じて朝廷と幕府との間をとりもつ重職につくことになります。これは大沢氏がもともと〝文明〟の側にいた何よりの証拠だと思います。

さて、長きにわたって、現在の静岡県域を中心に地盤を築いてきた今川氏は滅亡しました。ちなみに、今川氏真自身はこの後も生き延びて、公家社会のなかでそれなりの出世を遂げて活躍もしていきます。ですから、「今川氏の滅亡」とまではいえないかもしれません。彼らは、京都の朝廷を〝文明〟の中核と理解すれば、まさに〝文明〟のなかで昇進を遂げたことになるでしょう。しかしその一方で、戦国大名今川氏が、駿遠における地盤を失ったことのもつ歴史的な意味は、きわめて大きかったと考えられます。

今川氏に〝文明〟の牽引者としての要素を見出してきた私たちは、ここで少し立ち止まる必要があるのかもしれません。なぜ、遠州において、〝文明〟の側は敗北しなければならなかったのでしょうか。「井伊谷三人衆」らを味方につけた徳川氏や、甲斐や信濃の雄大な〝自然〟を背景に力をつけてきた武田氏によって、こんなにも簡単に「今川の〝文明〟」は、崩れ去られてしまったのでしょうか。

その答えについて、私は、次のように考えています。すなわち、今川氏や浜名氏は、あまりに〝文明〟的すぎて、〝自然〟の側を無視しすぎたのではないでしょうか。中央の公家たちのもつ文化を最上位として、イデオロギー的に野蛮な地方を支配しようとする姿勢が、〝文明〟の側からは、ひしひしと感じられました。それは、すなわち、それぞれの地域の実情を無視しすぎたのではないでしょうか。〝自然〟の力を甘くみすぎたともいえます。今川氏の軍事的な戦略は、暴力をもって侵略し、強引に服従させ、自身の側――すなわち、文明の側――へ、なかば強制的に組み込むというものでした。自分たちのもつ権威と高度な文化を背景とした傲慢な戦略であったと考えられます。その意味では、今川氏のやっていたことは、所詮は一方向的な支配体制の構築にすぎず、結局のところ、イデオロギーの押しつけにすぎなかったのです。戦国大名今川氏は、『今川仮名目録』と呼ばれる分国法の整備など、先進的な政策も進めましたが、周縁の世界に対しては、きわめて暴力的でした。いかに優れた〝文明〟でも、支配地域の「合意」を得ることができなければ、アッという間に崩れ去ってしまいます。裏切りの標的となった今川氏の勢力は大局としてみれば、その「周縁」からほころびはじめ、ついには完全に消滅し去ってしまったようにみえます。しかし、敗北の本当の要因は、むしろ政権中央の支配層の有していた傲慢な支配思想と周縁に対する無関心にあったような気がしてなりません。〝文明〟の崩壊は、もっとも中心的な部分の歪みからはじまるのでしょう。「今川の文明」の崩壊は、それを典型にあらわしているようにみえます。

九　三方ケ原の戦い

今川氏を討滅した徳川・武田の両氏でしたが、次第に対立を深めていきます。信玄は、遠州に攻め入る前に、「国衆」たちの懐柔作戦を行います。とくに、奥三河の有力者である「山家三方衆」を味方につけます。彼らは、「井伊谷三人衆」と同じく「山の民」たちの長だったと考えられます。彼らが拠点をおいたのは、いずれも人里離れた山深い地域です。武田信玄は、徳川家康よりもさらに山深い地域の勢力をとりこんだといえるでしょう。

写真 17　仏坂古戦場

なお、井伊氏は、武田信玄と徳川家康の抗争時、どのような動きをしたのでしょうか。実は、この頃の井伊氏の行動は、よくわからないところがあります。当主であった直虎は、浜松城へ逃げていたともいいますが、この段階で徳川家康と井伊氏との主従関係は、まだ確認できません。たしかに井伊直親は徳川氏に通じていたといわれますが、これも定かではありません。

では、三方ケ原の戦いに向けた具体的な動きをみていきましょう。武田信玄は、山県昌景率いる別動隊を奥三河・遠州に送りました。

これには、とても重要な意味があったと考えます。戦いの経緯は次のようなものです。まず、山県軍は、井伊谷三人衆の一角である柿本城（愛知県新城市）の鈴木氏を攻め、遠江に敗走させます。山県軍は、井伊領域である仏坂辺りでこれに追いつき、井伊一族のうちの井伊飛驒守らの軍勢と衝突します。いわゆる、仏坂の戦いと呼ばれるものです（小和田哲男『三方ケ原の戦い』〔学習研究社、二〇〇〇年〕）。井伊谷三人衆の菅沼氏、近藤氏らは、伊平小屋に籠って抗戦したようですが、井伊飛驒守・鈴木権蔵らが戦死します）。現在、この古戦場には、「ふろんぼ様」という古い墓が残されており、この周囲が合戦地であったと考えられています。実際、現地に行くとわかりますが、かなり山深いところで、戦闘が起きたことがわかります。伝承通り、この地が決戦の場であったとすれば、この地を通行する武田軍に対して、「野武士」のような連中が、集団でゲリラ戦を仕掛けたことが推察できます。また、この戦いは、伊平小屋城を中心に行われたと考えられています。いわゆる山小屋ですが、これについてはしばらく前に学界で論争があり、伊平山自体が「アジール」であり、それを根拠に戦時は、立て籠って戦ったのだという意見も出されました。私もこれに近い考えをもっています。すなわち、引佐地方の山全体が、井伊氏やその庶流（ここには一般の人びとも含まれる）にとって〝ソトのアジール〟ではなかったか、と。この問題については、また後で考えてみたいと思います。

しかし、山県軍は、なぜ引佐地方の山間部を真っ先に制圧したのでしょうか。この意味は、すでにおわかりかと思います。徳川氏を追討するためには、天竜・引佐地方などの山間部の勢力の掌握がまずもって重要であったことを、信玄はよく理解していたのでしょう。

やがて、元亀三年（一五七二）十二月二十二日、徳川軍と武田軍は、三方原において激突します。これが有名な「三方ケ原の戦い」です。井伊氏と今川氏が激突した「三方原御合戦」から約二三〇年後、再びこの地が戦場となります。この戦いのきっかけについては諸説あります。もっとも有名なのは、武田軍が、祝田の坂を下っているところをねらって徳川軍が急襲しようとしたという説でしょう。ここで問題となるのは、なぜ、数において不利であった徳川軍が、無謀な戦いに挑んだのか、ということです。これについても諸説あり、織田信長から援軍が送られていたため出陣せざるをえなかったとか、家康が血気きわまり攻撃したとか、様々なことがいわれます。しかし、最も大きな理由としては、遠江の「国衆」たちに対して「武威」を示す必要があったと考えられます。

とはいえ、歴史学者の本多隆成さんが指摘しているように、家康の方にも、一定程度の勝算はあったのではないかと考えます（『定本　徳川家康』吉川弘文館、二〇一〇年）。すなわち、織田軍、徳川軍という畿内に近いところで経験を積んできた軍勢が、信州・甲州の田舎の軍勢に負けるというイメージが、家康のなかになかったのかもしれません。いわば、家康のもつ〝文明〟に対する自負が、この無謀な戦いに駆り立てた可能性もあるでしょう。しかし、それはあくまで自負であり、二三〇年前の「三方原御合戦」のようにはいきませんでした。〝文明〟の側である徳川軍は、武田軍の前に脆くも敗退していきます。

ちなみに、武田軍の一連の動きのなかでポイントになるのは、やはり、山県昌景率いる別動隊が、山間部を攻略してから、三方ケ原の合戦に臨んでいることです。これは、南北朝期の「三方原御合戦」とほぼ同じ構図――すなわち、「山の民」vs「都市民」――であったということができるでしょう。この時点でも、三方原の地は、明らかに未開拓の地でした。これは、明治以前はそうであったと思います。ここでのポイントは、三方原台地が自然と都市の境界点に位置していたということです。三方ケ原の戦いもまた、浜松を中心とする「都市民」（「平地の民」）と遠江・三河の山間に住む「山の民」との文明史的対立であったということができるでしょう。

武田軍は、明らかに「山の民」たちをとりこんで、この合戦に臨んできています。軍事的に理にかなった采配だったといってよいでしょう。これは、非定住を主とする遍歴する民と、平地に定住する民との戦い、いい換えれば、この地域における〝自然〟と〝文明〟の最後の決戦であったということもできるでしょう。正確にいえば、山県軍は、井伊軍の抵抗を受けていますから、〝自然〟の側そのものではありません。しかし、おそらく浜松方の家康軍にはそのようにみえたでしょう。

十　〝文明〟の側の反逆

さて、この戦いの顚末は、よく知られています。徳川家康は敗戦の苦渋を飲まされ、自身の愚かな姿を絵師に描かせたという伝説も残っています。家康の人生にとって、三方ケ原の戦いが大きな転換点となっていると考える方は多いと思います。私も全く同感です。しかし、家康が本当に怖れたのは、この時に実感した〝自然〟の力であったのではないでしょうか。浜松城を拠点として都市化を進めていく家康にとって、「山の民」たちが勢力をはる三遠南信の山間部は周縁にすぎませんでした。ただ、三方ケ原の戦いは、家康にとってその周縁からの反逆にほかなりませんでした。家康自身も、井伊谷三人衆を中心とする「山の民」たちの力を借りて、遠江への進出を果たしたはずですが、今度は武田信玄が「山の民」たちを巧妙に操り、三遠に勢力を伸ばしてきました。家康にとって三方ケ原の戦いは、「山の民」の存在と、その背景にある〝自然〟の力を思い知らされるものとなりました。邪推すれば、幼少期を駿府で過ごした家康のなかにも、〝自然〟の力を軽んじるところがあったのかもしれません。

この戦いは、いわば、〝文明〟の側が、敗北しました。信玄は、刑部城で年越しをしますが、やがて亡くなり、武田軍は甲州に退きます。〝自然〟の側は、その非定住性のゆえに、崩れていったということもできるでしょう。この後、武田勝頼と徳川家康による長い攻防の歴史がはじまりますが、社会の底部から沸き起こってくる〝文明〟化の流れは、徳川の方に力を貸していたといえるかもしれません。

写真18　寺野周辺

徳川家康は、元亀四年（一五七三）九月には、長篠城を武田軍から奪還します。その後もしばらくは、井伊谷周辺も依然として武田軍の勢力下にあり、武田・徳川軍の攻防戦は続きました。渋川寺野の旧家である伊藤氏は、この時、武田軍に味方したという伝承をもっています。伊藤氏は元々長篠周辺に拠点をおいていたようで、渋川に土着するのは、もう少し後のことだと伝えられていますが、寺野周辺の一派（「山の民」と考えられます）を引き連れて、武田軍に味方したと考えることもできるでしょう。伊藤氏は、こののち、寺野周辺の開発を行い、いわゆる草分け百姓となっていきますが、引佐地方の山間部である寺野にも、この時期、〝文明〟化に向けた、新しい動向が芽生えつつあったことを読み取ることができます。伊藤氏のように、引佐地方を含む奥三河・遠江の「山の民」のなかで、武田氏に従った者は、意外に多かったのかもしれません。

徳川家康は、武田氏と、三河・遠江の山間部を中心に攻防戦をくり広げる一方、浜松城の整備を進め、確固とした軍事拠点としての城下町を形成していきます。また、本多作左衛門らに命じて、気賀町の形成も行わせます。少しあとの話にはなりますが、伊奈忠次らに天竜川の治水も担当させました。こうして、〝未開〟の地の〝文明〟化のプロセスを推進していくわけです。また、〝文明〟の形成と並行して、〝自然〟の側の取り込みも急ぎました。その手っとり早い方法として採用されたのが、引佐地方などの山間地域の「国衆」たちの服属であったと私は考えています。信玄亡き後も、その後継者である武田勝頼との戦いに、家康は苦しめられます。しかし、勝頼は、長篠の戦いによって、織田信長・徳川家康の連合軍によって歴史的な大敗を喫します。この時大きな活躍をみせたのは、西洋から伝来した鉄砲だったというのが通説です。長篠の古戦場からは、多くの鉄砲の玉が出土しています。武田氏も鉄砲を有していなかったわけではありませんが、西洋から流入した〝文明〟の利器によって敗退することになりました。

徳川家康によって浜松城という都市を中心に、〝文明〟の名に値する社会が形成されていきます。こうした動向は、網野さんのいう、〝未開〟や〝自然〟の側の〝文明〟に対する敗北といえるかもしれません。

なお、この動きは、南北朝期から実に二五〇年が経過していくなかで、ようやく完成に近づきました。この長い時間のなかで、〝自然〟と、〝文明〟の境界が、徐々にあいまいになってきていたことに、読者のみなさんはすでにお気づきでしょう。自然災害などに見舞われた十五世紀には、〝自然〟の威力がなおも〝文明〟に対して脅威となりましたが、十六世紀に入ると、〝文明〟は、〝自然〟を少しずつですが確実に克服していきます。定住生活がより安定的に営まれるようになり、村結合が強く機能するようになると同時に、貨幣経済が農村にまで広く浸透していきます。職人や商人たちも資源豊かな〝自然〟から離れ、「都市的な場」へと集住していきます。地方にも寺院や神社が整備され、門前市などが展開します。灌漑や治水など農業技術も格段に高まり、人びとも安定した食糧を得られるようになりました。〝自然〟の恵みに頼らなくても暮らしていける生活を手に入れていきます。民衆たちの生活の向上なくして、近世社会の成立も発展も考えられません。

〝自然〟のなかで成長を遂げてきた一族である井伊氏の側についても、実は同じことがいえます。十六世紀になると、次第に山腹にある三岳城から井伊谷城へと移されていくことになり、ここに「市場」が形成されていきます。この様子については、江戸時代に書かれた当地の旧記からも知られますが、同時代の井伊直虎置文や過去帳などからも確認できます（拙著『近世の地方寺院と地域社会』同成社、二〇一五年の第一章を参照）。この点については、次節で詳しく述べます。

また、龍潭寺の過去帳にみられる職人たちの姿も、この文脈から読み解く必要があります。すなわち、戦国期の龍潭寺を信仰した人びとには、鋳物師や鍛冶などの生業を営む職人たちが多くいました。彼らは、もともと引佐地方の山間部に居住していましたが、時代が下るにつれて、より「都市的な場」をその生活の拠点としていったのでしょう。井伊氏も、十六世紀になると、平野部の祝田周辺に経済的な基盤をおくようになります。直平の孫である井伊直盛は、天文十五年（一五四六）八月二十四日、「祝田百姓等脇者下人」が「地主の儀に背き、余人へ被官と成る」ことを禁止します。また同二十四年（一五五五）三月十三日には、祝田百姓らに対して、夫食の事について、人足などの御用などに協力するように下知しています。祝田百姓らの人的な把握を進めていきます。その一方で、直盛は、弘治二年（一五五六）十二月十八日には、毎年の水損によって年貢の供出に苦しむ百姓らの訴えに配慮して、年貢高を二十貫文から十四貫文に引き下げています。この時期になると、井伊氏が祝田周辺の支配者としての地位を確立していたことがわかります。なかでも注目すべきなのは、井伊家の惣領である虎松（後の直政）によると伝えられる永禄七年（一五六四）の割付です。みてみましょう。

祝田御年貢納所之事
此内　八貫五百文　井料引物
　　　弐貫五百文　大明神修理田
合百廿貫文　廿五貫文　こい田けんミ所
　　　九百文　殿田御代官免
　　　九百文　太藤馬

十五貫文　　小野源一郎殿
参貫文　　小野但馬殿
廿五貫文　　御一家中
参貫文　　禰宜免

永禄七年甲子七月六日

この割付が出された永禄七年（一五六四）七月は、虎松がまだ三歳の頃であり、信ぴょう性にやや疑問がありますが、当時の状況をよく示しているように思われます。なお、この文書を井伊直虎による文書と理解し、この時点で直虎が井伊家の惣領となっていると判断する見方もあります。しかし、もしこの時井伊直虎が惣領であったならば、井伊氏の家臣である小野氏に対して「殿」という敬称を付けるはずがありません。井伊直虎が惣領となるのは、永禄七年よりも、もう少し後のことになるでしょう。

十一　龍潭寺の「アジール」化

直平・直盛・直政という戦国期の井伊氏は、平野部である祝田に経済基盤をおきました。祝田には、「祝田市」なども開かれ、「都市的な場」としての性格を有していたとみられます。こうした流れのなかで、井伊谷の龍潭寺門前などでも「市」が開かれ、「都市的な場」としての側面を強めていきます。と、同時に、龍潭寺は、アジールの機能を強めるようになっていきます。それが、永禄三年（一五六〇）、桶狭間合戦直後に今川氏真が龍潭寺に宛てて発給した文書のなかに登場する、有名な「悪党以下山林と号し走入の処、住持にその届なく寺中において成敗すべからざる事」という文言だと考えられます（『県史』三―二八一〇号）。龍潭寺は、江戸時代、駆込寺としての機能を有していました（『駆込寺と村社会』吉川弘文館、二〇〇六年）。ちなみに、この「悪党」という文言は、他の今川氏真の文書のなかにもみられるものですが、氏真の文書は、寺社ごとに文言を変えていますから、この「悪党」にもそれなりの具体的な意味があったと思われます。この点はきわめて重要ですが、ここでは、龍潭寺が「悪党以下」と呼ばれる犯罪者たちの逃げ入りの場であったという事実に注目しておきたいと思います。明らかにこれは、「都市的な場」の形成とリンクしていると考えるべきでしょう。すなわち、山野山林を中心とする〝自然〟のなかで暮らしている「山の民」には、本来、アジールは必要ありません。〝自然〟のなかに身を潜めれば、それで事足りました。領主や敵勢たちも、雄大な〝自然〟のなかから、「悪党」らを捜し出すには相当な労力が必要であり、危険もともないましたから避けたことでしょう。しかしながら、定住化・都市化、別の言葉でいえば〝文明化〟が進むと、人びとは〝自然〟のなかに逃げ道を見出すことが不可能となります。私は、この事態を、〝ソトのアジールの消滅〟と呼んでいます。すなわち、〝自然〟（非社会的空間・異界）への逃亡は、〝文明〟化した社会では困難になってしまうのです。しかし、人びとの生存を求める欲求は、新たなアジールをつくりだします。それが、駆込寺に象徴されるアジール――私は、これを〝自然〟の力を背景にしたアジールとは区別して、〝ウチのアジール〟と呼んでいます。こうしたアジールの風習は、永禄三年（一五六〇）に今川氏真によって追認される以前から行われていたと思われます。おそらく龍潭寺が誕生する十六世紀前半頃からこうした〝ウチのアジール〟が社会のなかに準備されてきたと考えてよいでしょう。そして、このことをもっともよく示しているのは、井伊氏一族の龍潭寺への隠住です。元々、井伊氏は、直親がそうであったように、引佐郡山中や信濃などを隠れ家としていましたが、直政の代になると状況が変わります。このことは後で詳しく述べますが、井伊直虎が「次郎法師」として出家し、龍潭寺へと入ったことこそが、〝ウチのアジール〟の形成を典型的に示していると、私は考えたいと思っています。次の史料をみてみましょう。

新野左馬助、中野信濃守討死の後、次郎法師地頭御勤め、祐椿尼公実母御揃、直政公御養育申し候え共、皆々女中ばかり故但馬諸事取り計い、我がままばかり致し、何とぞ井伊保を押領仕る可き旨相企み申し候折節、永禄十一年秋、甲州武田信玄、駿府今川氏真を相攻め、之に依り、右軍用故但馬駿府へ罷り下り、帰国の上、則、申し候は、氏真下辞にて直政公を失い奉り、井伊谷人数を召し連れ駿府へ発向致すべき旨、押領の支度、殊更女中揃にて進退叶い難く、直政公早々龍潭寺へお忍び成され、南渓和尚へ出家成さる可く候由にて、衣を御着せ奉り、その場をおのがれお忍び遊ばされ候事は、直政公八歳の節なり。龍潭寺にお忍び成され候え共、南渓和尚出家には成さるまじき御心入にて三州鳳来寺へ奥山六左衛門相添え遣され候て、剃髪は成されず候、（『井伊家伝記』）

もちろん、この記録も、後の時代に書かれたものであり、そのまま史実を反映しているとは考えられません。しかし、他に史料もないので、まずはこれを深く考察してみることにしましょう。

まず、この記録から幼い頃の井伊直政こと虎松の歩みがよくわかります。虎松は、はじめ龍潭寺中に匿われ、その後鳳来寺へと移されました。この時龍潭寺住職南渓和尚の差配によって「直政公早々龍潭寺へお忍び成され、南渓和尚へ出家成さる可く候由にて、衣を御着せ奉り、その場をおのがれお忍び遊ばされ候事は、直政公八歳の節なり」とあります。これは、アジールの問題を考える上できわめて重要です。「衣を御着せ奉り」というのは、今川家からの処罰が下る前に出家させて身を守ったことを意味しますが、そのすぐ後に「龍潭寺にお忍び成され候え共、南渓和尚出家には成さるまじき御心入」とあります。つまり、出家はカモフラージュであり、実は出家させなかった、という書き方になっています。

実は、ここには『井伊家伝記』の書き手である享保期の龍潭寺住職祖山和尚の思考が、反映されていると考えられます。すなわち、祖山和尚が在職中であった十八世紀前半は、龍潭寺の駆込寺が広範に機能していた時期です。犯罪をしてしまった人を出家させ、罪を免じる「山林」（出家）が活発に行われていました。こうしたなかで、一時的に出家させ、ホトボリが冷めると再び別村で日常的なくらしをはじめるというケースも登場してきます（拙著『近世の地方寺院と地域社会』第三章参照）。この文章の書き手である祖山和尚の常識が、この箇所に反映していると考えてよいでしょう。ただしここで問題なのは、祖山の頃からおよそ百年前の南渓和尚の頃に、こうした慣習があったのかどうかです。このことを直に証明してくれる史料はありませんが、私は次の理由から、あったと考えてよいと思います。まず、僧侶が、敗残兵や罪人に対して衣をかぶせて隠すという風習は、かなり古くからみえます。有名なのは、明恵上人が、承久の乱の敗残兵たちを衣で覆い隠したという記録があります。このことから、この当時も出家をさせて罪を免れさせる風習が十分あった可能性があることを確認することができます。そして、何よりも重要なのは、永禄三年の龍潭寺宛の今川氏真判物のなかで、「悪党以下山林と号し走入の処、住持にその届なく寺中において成敗すべからざる事」という文言があることです。これは、戦国大名である今川氏真自らが、龍潭寺の寺中において如何なる者も成敗できないことを承認していたことになります。これを受けた南渓和尚が、危機にあった大檀那である井伊家の惣領を匿った可能性は十分にあるし、南渓和尚自身が今川氏真に、この悪党文言の追加を依頼した可能性もゼロではないでしょう。いずれにせよ、「南渓が虎松を匿った」という固有の事実は明らかになりませんが、この時代において、龍潭寺がアジール権を有していたことは確実です。

さて、ここで私たちは、引佐地方の山中から信濃国へと移されていった直親の場合と比較してみる必要があります。十六世紀中頃になると、長い間、井伊氏を助けてきた引佐地方の山（〝自然〟）も、完全なアジールではなくなってきていたことが想像されます。記録がたしかならば、虎松は鳳来寺へと移されていますから、龍潭寺のアジール権も実質的には不安定だったかもしれません。しかし、〝自然〟ではなく、社会のなかに生じる〝ウチのアジール〟が、この時期にたしかに形成されはじめていることに注目する必要があるでしょう。そして、これは〝文明〟化の反動のなかで生み出されたものであることも確認しておかなければなりません。

また、虎松が、浜松城付近の頭陀寺にある松下氏の屋敷で養育されていたという記事も目をひきます。そうだとすれば、虎松は、幼い頃には、「平地の民」としての生活をしていたことになります。直親から直政の時代になると、井伊氏そのものが変転してきたことがわかります。

いずれにせよ、これらの記述が、祖山和尚の全くの推測とは考えられません。何らかの事実を反映していたとみることは十分に可能だと思います。すなわち、こうした井伊氏の逃亡の歴史に、遠江の歴史の大きな転換の痕跡を読み解くこともできるのではないでしょうか。

さて、こうした井伊谷における新たなアジールの形成は、決して狭い世界の話だけではありません。十五世紀の蒲御厨の社会のなかで部分的にみられた傾向であったことを思い出していただきたいと思います。下人が、引馬市へと逃亡したことからもわかるように、こうした新たなアジールを求める民衆レヴェルの動きは、十五世紀にもみられました。これが、戦国期になると急激にこの変化は進みました。すなわち、十五世紀の蒲社会に典型的にみられるように、〝ウチのアジール〟は明らかに未完成でした。民衆たちが、近隣の荘園や市に逃げることはありましたが、領主権力はこうした者たちの捕縛に大きな力を割きます。さらに、本来、仏教の精神からすれば、彼らを守ってくれるはずの、東大寺などの大寺院は、自ら先頭をきって年貢を未進にする百姓たちに対して厳しい罰を指示しました。その意味で〝ウチのアジール〟は、この段階においては、まだまだ未発達だったといわざるをえません。しかし、戦国期になると、こうした〝ウチのアジール〟が、次第に効力を発揮するようになっていきます。ここに時代の大きな転換を見出すことができます。

十二　〝自然〟と〝文明の融合〟

徳川家康の時代になると、〝自然〟と〝文明〟の二項対立的な構図は、すでに崩れつつありました。十五世紀から十六世紀にみられる人口の変動は、両者の境界をあいまいなものにしました。異文化間の融合が起き、相互に影響を与えあい、新たな文化が生まれつつありました。まさに、この動きが、この二五〇年にわたる長い〝動乱の時代〟を終わらせる大きな要件となったのです。そして、この変化を一身に受けたのが、かつて〝自然〟の側の頂点に君臨していた、井伊氏でした。彼らは、井伊谷という〝自然〟と〝文明〟の「境目」にあって、全く独自の社会を形成していました。井伊氏は、十五世紀の前半から徐々に引佐から祝田の方面へと勢力を伸ばし、少ないながら史料を残すようになります。流動する社会構造を背景とする大きな時代の流れに即しながら、少しずつ〝文明〟化を進めていきました。井伊直平・直盛の代になると、すっかり開発が進み、「都市的な場」となった井伊谷・祝田周辺へと定住していきます。しかしながら、井伊家の惣領である直親が、一時期、山のなかで生活していたように、十六世紀前半には、まだまだ井伊氏は〝自然〟に近い位置にあったといえるでしょう。こうした〝自然〟の領域にあった井伊氏が、自らを〝文明〟のなかへと明確に位置づけていくのはもう少し先のことです。

そのきっかけを作った人物こそが、永禄年間の井伊家の惣領「女城主　井伊直虎」です。次章では、彼女の生涯を中心として、〝自然から文明へ〟と向かうプロセスをみていくことにしましょう。

第三章　井伊直虎――転換期を切り拓いた女性――

本書の表題に掲げた「文明化」は、ポラニーのいう「究極的原因」としての「外的な力」にあたり、私たちはその規制力から逸脱することはできないが、しかしまたそれへの「反応」は、主体と状況の織りなす複雑なドラマとして展開しているのであり、私たち歴史家の仕事は、そうしたドラマの適切な解釈者たることを目指すものだといえようか。

（安丸良夫『文明化の経験』岩波書店、二〇〇七年、三六頁注文より）

……今日東西諸国民の文化は相続した色々な文化要素を自己の素質に従て取入れて特殊文化を作って居るといへ得る。異れるElementがあり異れる取り入れ方がある故に――其処に其国民の個性が表はれる――各国各異れる文化を示して居ると見られる。斯く考へて其第一次的文化の間に異れるKultur elementを求め――其れを消化するProcessの間に各国民の特色を求める。是が所謂歴史的分解法で、systematicであり同時にdescriptivであり、それが吾々の所謂文明史の方法である。

（三浦新七「東洋文明史　昭和十八年」『東西文明史　第六巻』三浦新七博士記念会、二〇〇二年、五頁）

一　井伊直虎とは

まず、井伊直虎について簡単にご紹介しておきましょう。直虎は、実に謎の多い人物です。「直虎」というその厳めしい名前とは裏腹に、彼女は女性です。しかも、井伊家の惣領である直盛の実娘ですから、戦国の姫ということになるでしょう。「直虎」というのは、仮名《けみょう》であって、本当の名ではありません。永禄七年（一五六三）頃、井伊氏の惣領となったことにより、「直虎」と名乗ったといわれます。井伊家の惣領は、代々「直」の字を使用しますので、「直虎」もこれに基づいたとみられます。また、彼女は、尼僧でもあり、「次郎法師」とも称しました。これは、南渓和尚のはからによるもので、「次郎」は井伊氏の惣領が代々使っていた通称で、「法師」は出家していることをあらわしています。名前一つをとっても、彼女の複雑な人生がうかがえます。

しかし、彼女の波乱に満ちた生涯を示す同時代の史料は本当にわずかしか存在しません。最近まで彼女のことは地元の引佐町でもほとんど知られていませんでした。彼女のことが辛うじて今日まで伝わり、平成二十九年の大河ドラマ主役にまで登りつめることになったのは、先ほどから引用している十八世紀の歴史書『井伊家伝記』にその事績が詳しく紹介されたからにほかなりません。この書がなかったら、彼女の存在は、誰にも知られることなく、今日まで至っていたでしょう。このような事情から、井伊直虎の生涯はよくわからないと考えられがちです。また〝史料がないから好き勝手なことがいえる〟という論理も出てくるでしょう。しかし、歴史学として彼女をとらえることは十分に可能ですし、そのことを避けてはならないと思います。およそ、史料がないという理由で研究をストップするのは、かけがえのない生身の人間を対象とする歴史研究において、あってはならないことだと思います。

直虎に限りませんが、歴史における個人を考えるには、その人の暮らす社会を深く知る必要があります。歴史とは、個々のかけがいのない人生の積み重ねであって、特殊なるものの膨大な累積です。しかし、その時代ごとに、異なった常識（社会通念）や時代状況があります。それぞれの主体の活躍したバックグラウンドを知ることは、きわめて重要なことです。その点私たちは、直虎の生まれる前段階のこの地域の社会構造を十分に把握しています。彼女が生まれた遠江の歴史は、〝自然〟依存型の社会から、今日の社会構造により近い〝文明〟の世界へと移り変わりを進め、それが完了していく時期でした。この渦中に生きた直虎の生涯をみていきたいと思います。

井伊直虎は、遠江井伊家の当主直盛の一人娘として、天文五年（一五四六）頃生まれたと考えられています（正確な生年は不明。また本名もわかっていません）。直盛には男子がいなかったため、直虎の父直盛の従弟にあたる直親（幼名亀之丞）と縁組させるよう、幼いころに決められていました。しかしながら、井伊家では、直盛の父である直宗が戦死し、その弟である直満（直親の父）・直義が今川氏への謀反を疑われ殺害される事件がありました。これにより、亀之丞は、今村藤七郎のはからいによって、渋川の東光院へと落ち延びます。「カマス」に入れられての逃亡であったと、『井伊家伝記』には記されています。そして、東光院の住職能仲和尚の仲介によって信州へと落ち延びていくことになります。一方の直虎は、井伊家の菩提寺である龍潭寺住職南渓和尚のもとで出家し「次郎法師」と名乗りました。その後、直親は井伊谷へと戻ってきますが、すでに出家していた直虎と婚姻することはありませんでした。

それからしばらくたった、永禄三年（一五六〇）五月に桶狭間の合戦が起こり、今川義元の傘下にあった直盛は、戦死します。さらに、井伊直親が、今川氏の後継者である氏真から謀反の嫌疑を懸けられ、その申し開きに向かう途中、今川家の重臣朝比奈泰朝によって誅殺される事件が起きました。直親には長男（虎松）がいましたが、まだ幼かったため、女性である直虎が、「是非なく」（仕方なく）、井伊家の惣領となることになりました。「直虎」という名は、この時はじめて使用されたものです。

直虎の時代は、井伊領に対して、今川氏真が徳政令の施行を要求してくるなど、非常に厳しい時代でした。直虎は在地の混乱を避けるために、徳政令の施行の延期や有力商人の保護に向けて活動します。その間も、虎松の養育を行い、井伊家の再興を期します。やがて、三河の徳川家康が台頭してくると、直虎は徳川家康に虎松を出仕させることにも成功します。この虎松こそが、後の徳川四天王井伊直政となります。

通常、直虎の生涯は、このように説明されると思います。享保年間に龍潭寺住職祖山和尚によって書かれた歴史書『井伊家伝記』には、おおむねこのような内容になっています。名門豪族の井伊家の一人娘として誕生しながらも、「次郎法師」として出家の身になり、その後、「直虎」という名で自ら政治的手腕を振るいます。さらに、井伊直親の忘れ形見である虎松を養育して、井伊家を再興しました。まさに、波乱万丈な人生といえるでしょう。

しかし、私たちは、さらにそこから一歩進み、直虎の存在を歴史のダイナミズムのなかで捉えていく必要があります。ここでは、すでにみてきた〝自然〟と〝文明〟の対立の構図のなかにあって、彼女がどのように歴史的に位置づけられるか、深く考えてみたいと思います。

二　直虎の出自

先ほども述べたように、彼女の生まれた年は定まりませんが、井伊直盛の息女であり、直親の許嫁であることを考えると、おそらく天文五年前後（一五三六年頃）ということになるでしょう。井伊家の当主は、直氏―直平―直宗―直盛と相続していきます。よって、直盛のたった一人の実子である直虎は、きわめて重要な存在でした。直盛の後継は、直虎の夫となる人物（亀之丞）に決められていたといいます。ちなみに、井伊谷町の中井家に伝わった「井伊家系図」には、直平の子直宗・直満、および直盛の子直虎について、それぞれ次のように記されています。

直宗　共保十四代井伊宮内少輔、天文廿三年甲寅春織田信長発向三州吉良田原蒙今川義元之命召連引馬井伊谷之人数而趣三州田原攻信長不慮逢野伏之敵討死、天文廿三年甲寅正月廿九日也、法名花蔵院殿心翁昌安大居士

直満　井伊彦次郎、信濃守依無嫡子直満之実子直親幸為従弟之間可譲家督之旨幼少之時兼日令契約

之処、家老小野和泉守嫌之、其故以与直満平日不和也、又天文十三年十月直満・直義三州山吉田城主鈴木一党合心人数相催可攻甲州信玄幕下三州長篠之城主松平・奥平二人之武士之旨、小野和泉守以此事構説ニ倭告訴、今川義元、天文十三年甲辰召直満・直義於駿府、同十二月廿三日同時令傷害畢、法名圓心院殿安渓壽岱大居士。

……（中略）……

女子　直盛息女也、次郎法師両親欲配直親、直親久在信州因之次郎法師従南渓剃髪雖然両親不許之、因是、南渓、次郎法師雖女子井伊家惣領也、因此備中次郎之名而僧俗之名而名次郎法師、右次郎法師者龍潭寺寄進状名判有、

（「井伊家系図」中井家文書）

直虎の祖父である直宗は、天文十一年（一五四二）一月二十九日、今川義元の三河国田原城攻めに参戦し、野伏の襲撃にあい戦死します。天文年間は、井伊氏にとって悲劇の連続です。井伊直平の子どもたちは、ことごとく亡くなってしまいました。直平の子としては、龍潭寺住職南渓和尚もいましたが、すでに出家して龍潭寺住職となっています（南渓は、直平の養子であったことも明らかにされています）。こうした理由から、井伊家の惣領にはならなかったと考えられます。

直虎の祖母浄心院（直盛の母）は、引佐地方の山間に拠点を置いた伊平氏の出とみられます。また、直満の母も同じ伊平氏とみられ、井伊家が引佐地方の親族（伊平氏・奥山氏など）のなかで縁組をくり返していたことがわかります。先ほども述べたように、直虎の頃の井伊氏は、井伊谷周辺ではなく、引佐地方

の山間部にも拠点を有していました。南北朝以来の〝自然〟を基盤とする体制を継承していたといえるでしょう。もちろん、十六世紀に入ると、井伊氏も今川氏の家中として〝文明〟化を進めていきますが、それでも直虎の代までは、引佐地方の雄大な〝自然〟と密接にかかわりながら成長していきました。

ちなみに、直虎の出自で注目すべきなのは、その母親・祐椿尼の存在です。彼女は、新野左馬助親矩の妹であることが知られています（『井家祖覧』に、「新野左馬助親矩姉」とあります）。新野氏は、御前崎市に居住する一族であり、新野新城（舟ケ谷城）の城主でした。私の枠組みでは、典型的な「平地の民」ということになります。祐椿尼は、天正六年（一五七八）七月十五日に亡くなっております。法名は、松岳院殿です。彼女の暮らした「松岳院」という庵が、龍潭寺の寺中にあり（「井伊家系図」中井家文書）、後の話になりますが、直虎もここで亡くなったと考えられています。

直虎が生まれた当時の井伊家は、〝自然〟の力を背景として再び勢力を身につけ、今川氏との戦いに臨むが敗北し、その傘下に深く組み込まれていく時期です。ただ、彼女自身は、幼い頃から引佐地方で育った典型的な「山の民」といえるでしょう。その点、信濃で育った直親や、浜松付近で成長した直政とは異なります。直虎の時期の井伊氏は、〝自然〟の影響もまだまだ色濃く残る段階でした。彼女は、〝自然〟と密接にかかわりながらその幼少期を過ごしたことでしょう。

三　遠江の「国衆」たち

なお、この頃、井伊氏と同じような権力主体である「国衆」（国人領主）と目される他の一族では、内部分裂が進行しました。つまり、親今川派と反今川派が、家督相続の問題と複雑に絡み合い対立が生じます。たとえば、南北朝期に南朝方で活躍したという奥山信濃守の子孫という高根城主の奥山氏は、いわゆる「遠州忩劇」のなかで一族が内紛し、惣領大膳亮（右馬助）は、今川氏から離反し、庶家の兵部丞・左近将監兄弟は今川氏の直参となりました。また、鎌倉幕府建設時の功臣天野遠景を遠祖とする犬居城主天野氏も、同じ時期、惣領の虎景と、本来惣領を継承するはずであった景泰らが対立し、今川氏から離反した景泰は、虎景の子天野藤秀によって討伐されることになりました。天野氏・奥山氏ら天竜地区に基盤をもった「国衆」たちは、後に武田信玄に従いますが、やがて断絶してしまいます（大石泰史編『全国国衆ガイド』星海社新書、二〇一五年）。

このように、一族の内部分裂は、遠江の「国衆」たちの、ほとんど一般的な傾向でした。では、なぜ「国衆」たちは、一族の内紛が続いたのでしょう。そもそも、「国衆」とは、どのようなものか考えなくてはなりません。「国衆」について、第一人者の黒田基樹さんは、戦国大名と国衆をともに、一円的・一元的に支配権を掌握する地域的公権力とし、本質的に同質の地域権力・領域権力としてとらえました。これは、とても重要な議論であると考えられます。天文年間には、大名権力である今川氏自体も家督相続の問題で分裂しています。いわゆる花蔵の乱です。このなかで頭角をあらわしてきたのが、今川義元です。

「国衆」たちにとっても、家督相続の問題は、今川時代以来きわめて重要な問題でした。「国衆」たちの家督相続も大名のこれと基本的には同質であったと考えられます。すなわち、自立性の高い一族が繁栄してくると、家督をめぐる対立が生じてきます。今川氏という上位権力によって支配された遠江においては、「国衆」の一族内部は、権力（本書の言葉を使えば〝文明〟）に近いグループとそうではないグループにわかれます。一般的に考えて一族のうち今川氏との関係性を強くもつのは、惣領です。そのため、一族の対立が、反今川・親今川という勢力に二分されやすい構図になっていたということができるでしょう。見方を単純化させれば、将軍家の家督相続に端を期した、応仁の乱の地方版ともいえるでしょう。

権力の側にある有力な一族の内部分裂が、国家や民族の分立や崩壊を招くのは、歴史の法則ともいってよいかと思います。それほど大掛かりなものではないにしても、近代国民国家的な権力や法体系が未整備の段階にあっては、一族の結束と分裂が、歴史を動かす大きな動力の一つとなったことは間違いありません。ちなみに、今川義元や氏真は、国衆たちをどちらかといえば軽視していたようにもみえます。より正確にいえば、「今川の〝文明〟」によって、彼らを一方向的に支配しようとしました。すなわち、大沢氏や浜名氏などの元々〝文明〟に近いところにあった文化的な家を中心に編成し、今川の平和を現出しようとしました。〝野蛮〟と認識された井伊氏のような一族は、三河・尾張への戦闘要員とされ、危険な最前線に配置されています。先にもみてきたように、「今川の〝文明〟」のなかでは、井伊氏は「周縁」に置かれていました。一方、後に今川氏にかわって遠江を支配することになる徳川家康は、その反対に、遠江の「国衆」たちをとても大切にしていたと考えられます。たとえば、『家忠日記』には、家康が、国衆たちに対して何度も「振舞」をしている様子がうかがえます。家康は、遠江の「国衆」たちにとても気をつかっていたようにみられます。このあたりにも、戦国大名としての今川氏と徳川氏の相違が見出されるようにも思います。

四　井伊氏の自立性と龍潭寺

さて、十六世紀の前半において、「国衆」である井伊氏一族の内部にも、惣領とは別の分家系統の家も存在し、自立性を高めていました。しかし、井伊氏のなかには一族の内部対立の痕跡がほとんどみあたりません。これはなぜでしょうか。その理由として、井伊氏が支配する地域が、きわめて広域であり漠然としていたことが挙げられるでしょう。また、井伊直平のような存在を考えると、井伊谷城主＝井伊家惣領という図式が、十六世紀前半にはまだ定まっていなかった可能性も指摘できるでしょう。しかし、もっと大きな理由として、宗教秩序の形成が挙げられると私は考えています。まずは、次の史料を御覧ください。

宮口興覚寺々領の事、本寺・末寺として、前々は鎮守神田共に壱町七段たるといえども、近年は百姓等七段の分相抱え候、今度相改め候て、前々の如く壱町七段、并に地内の者屋敷壱所に貮人同居し候、慈母恩室貞受大姉の菩提として、一圓に寄進せしめ候上は、向後に於いて、百姓等諸事の儀に就き、綺《いろい》これ有るべからず、勤行修理等精誠せしむべき者なり、仍て後日のため一筆如件、

天文十八己酉年　　　　井伊監物尉
　　　　　　　　　　　　朝光（花押）
興覚寺
　参侍者御中

（『県史料』五―一一一八頁）

これは、天文十八年（一五四九）に宮口興覚寺に対して、井伊朝光が寺領を寄進したものです。当時は、井伊直盛が中心となっているはずですが、「監物尉」という受領名を名乗る別の人物によって宮口村の寺院への「慈母」の菩提所として寺領寄進が行われています。これは、井伊氏の惣領とは別系統の実力ある井伊氏が、十六世紀前半に存在していたことを物語っています。ちなみに、このことは、龍潭寺文書の「井伊家由緒古代抜書」のなかにもみえ、井伊朝光らが領高一四五〇石余を有していたことが記録されています。

なお、寺院への寄進は、基本的には信仰をもとにした宗教的行為であり、遠江という地域において〝文明〟の形成過程を考えている私たちにとっては、決して見逃せないものです。遠江井伊氏を考える際、とくに注目したいのは、龍潭寺の存在です。永正年間に井伊直平が井領田を龍潭寺（当時は「龍泰寺」）に寄進しています。次の史料がそれです。

当寺は、元祖共保公出生の霊地故、井伊家の氏寺并に菩提寺なり、これにより今に至り住持生湯并に生粥の吉例執行す、右の由緒故、出生の井の井領三反寄附せしむ者也、委細は小野兵庫助申渡すべき

者なり、

永正四年丁卯九月十五日　　井伊信濃守

直平（花押）

竜泰寺江

ここから少なくとも井伊直平の頃には、井伊氏が井伊谷を拠点としていたことが確認できます。また、「元祖共保出生の霊地」である龍潭寺（竜泰寺）を中心に一族を結集させようとしていたこともわかります。一般的に、国衆一族の求心力を維持するためには、上位権力である守護（戦国）大名今川氏の権威がどうしても必要であったと考えられます。これは、井伊氏以外のほかの遠江の「国衆」にも共通して見出されることです。〝自然〟の側で成長してきた井伊氏も、一族が広がり支配系統が複雑になるにつれて、外部権力――〝文明〟といい換えることも可能でしょう――に頼らざるをえなかった側面があったのでしょう。しかし、井伊氏は、自領の内部に一族の檀那寺（氏寺）を建立させることによって、秩序を維持することに成功したのではないでしょうか。井伊氏は宗教の力によって一族の統率を守ったということができます。

五　許嫁直親の信州落ちと直虎出家の意味

さて、前節で詳しく述べましたが、直虎が登場してくる背景には、今川氏による直接・間接的な井伊氏に対する粛清政策がありました。まず、天文十三年（一五四六）の井伊直満・直義の誅殺事件です。先ほども述べたように、この事件の直後に井伊直満の子であり、直虎の許嫁であった直親（亀之丞）は、信州へと落ち延びます。井伊家の家中である今村藤七郎が、亀之丞をカマスに入れて、渋川の東光院へと隠れたといいます。この信州落ちの途中の正月に、今村藤七郎が、御吸物を給仕して御祝したことを吉例として、末代まで元朝の給仕は今村氏が担当することにしたといいます。なお、後に虎松が逃げる際も、元朝であったために、同じく今村藤七郎が給仕したと伝えられています（『井伊家傳』井伊谷龍潭寺文書）。そのあと、亀之丞は東光院の住職能仲の機転によって現在の長野県高森町の松源寺へと落ち延びます。

写真19　東光院

ここで、亀之丞にまつわる引佐地方に伝わる伝承について、一つ検証しておきましょう。それは、右近次郎のお話しです。先ほども引用した、『井伊家遠江国渋川村古跡事』という文章のなかに、次のようにあります。

天文十四年信州へ御落の節、坂田峠を御越の時、大平の住人右近次郎弓挽矢を射付候に依て御帰国の節、岡畂と申所にて右近次郎は仕罪に相成候。右近次郎の墓所地蔵久保に西に在り。直親公御休息の場所を桜地蔵と称今に在り、秋葉往来より路上二丁半斗り上る（『引佐町史料　第四集』）

話の構図は、きわめて単純です。「直親が信州へと落ち延びる際に、渋川村近辺の住人右近次郎によって狙撃された。直親が信州から帰還した際に、右近次郎を見つけ出し死罪にした」というものです。この話は、もちろん史実として裏付けはできませんが、注目される要素が多数あります。というのも、この話の裏に地域の人びとの心性が、如実にあらわれていると考えられるからです。右近次郎は、渋川村（大平）近辺に住む土着の若者（山の民）であったでしょう。この若者に直親が襲撃されたということは、何を意味しているのでしょうか。すでに何度も述べているように、渋川は井伊氏の拠点があった地域です。この地域の人物に、井伊氏の後継者が攻撃を受けた理由は、なんだったのでしょうか。直親の信州落ちを食い止めようとしたか、あるいは、敵対する井伊氏に対するテロ攻撃であったか、または単なる物取りであったか。

どう解釈するにしろ、引佐地方の〝自然〟と〝文明〟のバランスが崩れていたことが読み取れます。すなわち、渋川地区は、引佐町の最北端に位置する山間の地域です。〝自然〟が色濃く残っていたと思います。その一方で、十六世紀前半から中頃にかけて、井伊氏は、相対的には平野部に位置する井伊谷を拠点として勢力を形成してきました。いわば〝文明〟化を進め、〝自然〟から脱却しつつあったといえるでしょう。こうしたなかで、井伊氏は、次第にかつての「井伊郷」全体の「山の民」の族長という側面を失っていったのではないでしょうか。とすれば、亀之丞が右近次郎に報復したことは、やはり小規模ながら時代の変化を示しているような気がしてなりません。

また、亀之丞が井伊領から離れていくなか、その許嫁であった直虎は、出家することになります。この事情については、『寛政重修諸家譜』に次のようにあります。

直親に婚を約すといへども、直満害せられ直親信濃国にはしり、数年にしてかへらざりしかば、尼となり、次郎法師と号す

井伊直虎の物語としてこの展開を考えれば、逃避行を余儀なくされた許嫁のことを憂い、尼僧となったとも考えられます。また自身にも、今川氏の譴責が及ぶことを避けたのかもしれません。直虎は、井伊直盛の実の娘であり、井伊氏惣領の血筋を引く唯一の人物でした。家の存続を考えた上での選択だったとも理解できなくはありません。しかし、直虎が出家したことには、もっと大きな歴史的な意味があったように思います。これについては、後で述べます。

亀之丞は、今川氏からの追及を逃れ、ホトボリが冷めた弘治元年（一五五五）に、信州より帰国したといいます。井伊家の養子になり、直親と名乗ります。この時、井伊氏の家中であった奥山朝利の娘と結婚しています。許嫁であった直虎は、すでに出家していたので、結婚はできません。というよりも、先に指摘したように、井伊家の一族としてのまとまりが、不安定になっていたとみられるこの時期、奥山氏と井伊氏の間で姻戚関係をもったのは、政治的な戦略であったと考えられます。この直親と奥山氏の娘との間に生まれたのが、虎松（のちの井伊直政）です。

六　井伊直平の最期

しかし、虎松が生まれた頃、井伊家のおかれた状況は厳しいものがありました。すなわち、永禄五年（一五六二）、井伊家の家老小野但馬守の讒言により徳川家との内通を疑われた直親は、今川氏真の呼び出しに応じて、駿府に弁明に向かう途中、今川家の重臣朝比奈泰朝によって誅殺されます。さらに、永禄六年頃には、井伊直平も亡くなります。直平の死亡時期やその理由は諸説あって一致しませんが、この時期までに亡くなっていたことは、たしかなようです。直平の最期について、『井伊家伝記』は次のように記しています。

氏真、掛川の城にて直平尻打の段吟味成され候所に、直平公、則、新野左馬助を以て白須賀不慮の出火の旨申され候。之に因って、氏真より右の過誤に遠州八城山城主天野左衛門尉〔氏真に従わず〕直平へ相攻む可き旨申され候故、遁れず請負申され候間、出陣の支度なされ候所に、直平公の家老飯尾豊前守妻、天野左衛門と縁者豊前へ相すすめ、夫婦同心にて直平公へ逆心、直平公出陣の節、豊前が妻直平公へ茶を進め申し候所に、其茶毒にて、直平公先勢、遠州国領蔵中瀬まで参り候所に、直平公、有玉旗屋の宿にて、惣身すくみ落馬、毒死なされ候。惣人数引馬へ引退き候所に飯尾豊前守一味同心の輩を相催し、大手を固め籠城仕り候。此の節は井伊家直平公ばかり故、直平公家来も毒死の上、多くは皆々豊前に一味同心申し候也。

　このように、引馬城主であったという井伊直平も、家老の飯尾氏の裏切りにあい、毒殺されます。『井伊家伝記』には、飯尾豊前守の妻に毒をもられたとあります。これらの記録を信じるならば、井伊直平は引馬城主であり、今川氏の遠江支配の上で重役をつとめていたことがわかります。直虎の曾祖父にあたるこの井伊直平についてはこれまで何度も触れてきましたが、その生涯は実に波乱に満ちています。一四八八年頃の生まれといわれますが、斯波氏について今川氏と抗戦したのは時期から判断して彼であったと考えられます。先ほども述べたように、井伊直平は永正四年（一五〇七）九月に龍潭寺へ井領田を寄進しています。それまでは、三岳城や花平陣所を中心に井伊氏は活動していましたから、十六世紀に入ると、井伊氏は、井伊谷へと本格的に基盤をもちはじめたと私は考えています。いずれにせよ、本書でみてきた遠江井伊氏の活動の多くは、この井伊直平が主体となって行われてきたものとみてよいでしょう。直平は、今川氏の遠江支配においてもっとも重要な引馬城の城主にも任命されたといわれますから、その活躍ぶりは特筆すべきだと思います。直平に関する資料は断片的に残されていますが、その生涯の概要を教えてくれるものではありません。直平の墓所は、川名渓雲寺にあります。川名は、旧引佐町の中間地点に位置する山深い地域ですが、元々、井伊直平は、このあたりに拠点をもっていたとみられます。彼もまた、〝自然〟のなかで成長してきた典型的な山の民であったと考えるべきでしょう。そして、直平が玄孫にあたる直虎に与えた影響は、決して少なくなかったと思います。

七　「直虎」の誕生

いずれにせよ、永禄四年頃には、井伊氏は虎松を残して、ほとんど一族滅亡の状況に瀕していました。井伊氏の期待は、直親の遺児である虎松が成人するのを待つこと意外にありません。それまでは、直盛の娘である直虎が、井伊家の惣領とならざるをえませんでした。ちなみに、中世の女性が、「領主」となることは、珍しいことではありましたが、先例がないわけでもありません。後継者不在によって、女性が仮名を名乗り領主となることもままありました。直虎も「領主」「城主」といっても、彼女自身が甲冑を身にまとい、合戦で指揮をすることはなかったと思われます。彼女は、井伊谷に拠点をおき、先祖相伝の井伊家の領知を守護する立場にあったとみられます。ここで、井伊直虎が残した同時代の史料である井伊直虎の置文をそのまま引用します。

竜潭寺寄進状之事
一当寺領田畠并山境之事、南者下馬鳥居古通、西者かふらくり田垣河端、北者笠淵富田庵浦垣・坂口屋敷之垣、東者隠竜三郎左衛門尉源三畠を限、如前々可為境之事、
一勝楽寺山為敷銭永買付、双方入相可為成敗之事、同東光坊屋敷々銭永代買付、縦向後本銭雖令返弁、永代之上者、不可有相違候、同元寮大泉又五郎、彼三屋敷并横尾之畠、大工淵畠田少、門前崎田少、大内之田、檜岡之田、為敷銭拾七貫五百文、永永可為買付之事、

一蔵屋敷前々有由緒、令寄進也、同与三郎屋敷一間、同矢はき屋敷、是ハ只今仙首座寮屋敷也、隠竜軒者道哲之為祠堂、屋敷一間、瓜作田一反、同安陰・即休両人為祠堂、瓜作田二反、同得春庵屋敷一間、永代買付、同神宮寺白耕庵屋敷一間、可為寮舎之事、
一白清院領、為行輝之菩提処、西月之寄進之上者、神宮寺地家者、屋敷等如前々不可有相違之事、
一円通寺二宮屋敷、南者道哲卵塔、西者峰、北者井平方山、東者大道、可為境也、北岡地家者、屋敷田畠不可有相違之事、
一大藤寺黙宗御在世之時、寮舎相定之上、道鑑討死之後、雷庵以時分大破之上、相改永可為寮舎之事、
一祠堂銭買付幷諸寮舎・末寺祠堂買付、同屋敷銭一作買之事、縦彼地主給恩雖召放、為祠堂銭之上者、澄〔證〕文次第永不可有相違之事、
一寺領之内、於非法之輩者、理非決断之上、政道者担那候間可申付、家内諸職等之事者、為不入不可有旦那之綺之事、
右条々、信濃守為菩提所建立之上者、不可有棟別諸役之沙汰、幷天下一同徳政幷私徳政一切不可有許容候、守此旨永可被専子孫繁栄之懇祈者也、於彼孫不可有別条也、仍如件、

永禄八乙丑年

九月十五日　　次郎法師（黒印）

進上　南渓和尚　侍者御中

（『県史』三―三二八九号）

この史料には、当時の井伊谷の様子が凝縮されています。具体的な屋敷地や所有地、寮舎などが記載されています。この文書は、黒印状という公的な形式をとりつつも、「次郎法師」から「南渓和尚」宛てという、きわめて私的なやりとりになっているところに注目しなくてはなりません。というのも、直虎がここであえて「次郎法師」と名乗っていることをどう考えるかがポイントになります。

文書の内容をみていきましょう。全体として、井伊家から龍潭寺に「寄進」が行われています。これはこの文書を出した翌年に起きる今川氏による井伊谷徳政と関係があるとみられます。すなわち、徳政令が行われる前に、龍潭寺の寄進地を安堵する内容になっています（末尾の「天下一同徳政幷私徳政一切不可有許容候」という文言から間違いないでしょう）。しかし、先ほど述べたように、井伊家歴代の菩提所などの秩序の確認が行われていることにも注目しておく必要があります。ここで、罪人などが寺領に入った場合、住持が理非決断をした上で、「政道」に関することについては、「担那」（＝井伊家）から申し付けるようにとの記述がみえます。これは、一見すると「アジール」の否定、あるいは制限と解釈できるかと思います。しかしながら、家内諸職のこと（寺の内部のことについて）は「不入」であるとされています。寺院の独立性が保証されていることがわかります。さてここで、私たちはある矛盾に気がつかなくてはなりません。直虎は、井伊家の惣領ですから「政道」に関することでは龍潭寺に介入することができますが、それ以外の寺の内部のことに関しては何もいえないはずです。龍潭寺を中心とした宗教秩序を示したこの文書は、明らかに越権行為であり、矛盾が生じています。しかし、そこにこそ、この置文が「次郎法師」の名で記されている意味があるわけです。

つまり、直虎は「次郎法師」となることによって、龍潭寺を中心とした宗教秩序の構築の主張にかかわる権利と、井伊家の惣領としての権利の二つを手にすることを可能としていたのです。すなわち、この黒印状からは、直虎が、井伊家の惣領（「地頭」）として手腕を発揮していることが読みとれると同時に、「次郎法師」として在地の宗教秩序の形成にも関与しようとする二つの側面を見出すことができます。直虎という女性は、宗教的な権威と、実質的な権力との二つをもちながら、在地支配を実行しようとしていたことがわかります。南北朝期に「悪党」とされた人物は、僧侶の名を用いながら力を蓄えていったことが知られています（たとえば、矢野荘の「寺田法然」）。直虎もまさに、中世の「悪党」のように、宗教的な力を背景にして急場を凌ごうとしていたと考えられないでしょうか。また、直虎が女性であったことも重要です。先ほどの興覚寺の例もそうでしたが、井伊氏の菩提寺建立には女性がかかわっている場合が多くあります。ここに「山の民」の性格、母系制社会というか、一族の結集に女性の力が大きく関与していることがわかります。この問題はまた後で考えてみたいと思います。

八　井伊谷徳政の歴史的意味

さて、井伊氏の当主として、龍潭寺に対して井伊谷周辺の領地の寄進を行った直虎ですが、このすぐ翌永禄九年に、今川氏によって施行された徳政令によって、大きな騒動が起こります（時期から判断して、この寄進自体も、今川氏の徳政令を意識して行われたと考えるのが妥当でしょう）。次にみていきたいと思います。

井伊谷徳政については、小和田哲男さん、久保田昌希さん、阿部浩一さんらの研究があります（小和田『争乱の地域史』清文堂、二〇〇一年。久保田『戦国大名今川氏と領国支配』吉川弘文館、二〇〇五年。阿部浩一『戦国期の徳政と地域社会』吉川弘文館、二〇〇一年）。これらの研究を参照しつつ、今川氏が実施した徳政令についてみていきたいと思います。

今川氏真は、永禄九年（一五六六）に徳政令を発布します。この背景には、先ほど述べたような「遠州物劇」と呼ばれる戦乱が深くかかわっているとみられます。戦乱による混乱の収拾や軍事負担の代償として、徳政が出されるのは一般的でした。当時、今川氏の支配下にあった井伊氏の領内にも、この徳政令が適用される動きが高まってきました。

この頃の井伊谷・祝田・気賀周辺は、井伊谷川・都田川物流の拠点としての市が形成し「都市的な場」の様相を呈していました。これは、先ほども述べましたが、〝文明〟に近いものがこの地域に芽生えてきたことを意味します。具体的には、商人たちが取引によって利益を得て、富を蓄積しはじめてきます。しかしながら、〝自然〟の力は、なおもこの動きに対して楔となっていました。具体的には、土地に密着した生活をしている百姓たちは、〝自然〟を体現する主体でした。すなわち、単純な構図でいえば、井伊領においては、徳政令の実施を求める百姓たちの動きと、それに抵抗する商人たちの動きとの二つがありました。この間に立たされたのが、井伊直虎でした。直虎は、在地の高利貸商人（「銭主」）の圧力によって、今川氏から要求された徳政令の施行を停止します。こうしたことが可能であったということは、今川氏に対して、井伊氏がある程度の自立性を有していたことの証左でもあります。

直虎のこうした動きに対して、井伊谷周辺の本百姓層は、今川氏に直訴します。そして、徳政令の即時実施を命じる今川氏の判物を獲得しました。一方の「銭主」たちも、今川氏に直接安堵を求める動きにでます。こうして、今川氏は、本百姓層への徳政令と、「銭主」への安堵という二重の政策をとらざるをえなくなりました。

この井伊谷徳政をめぐる一件で注目されるのは、瀬戸方久ら「銭主」と呼ばれる存在です。瀬戸方久らは、氏真から次のような判物を引き出すことに成功しています。

於井伊谷所々買徳地之事

一上都田只尾半名　一下都田十郎兵衛半分　永地也
一赤佐次郎左衛門名五分二　一九郎右衛門名
一祝田十郎名　一同又三郎名三ヶ一分
一右近左近名　一左近七半分
一禰宜敷銭地　一瀬戸平右衛門尉名

已上

右、去る丙寅年、惣谷徳政の儀、訴訟有るといえども、方久（瀬戸方久）買得分は、次郎法師年寄誓句、并に主水祐一筆明鏡の上は、年来買得の名職、同じく永地、証文のままに永く相違あるべからず。然らば今度新城取立の条、根古屋において蔵取立商売諸役免許せしむものなり、仍て如件。

永禄十一戊辰九月十四日　上総介（花押）
瀬戸方久

（『県史』三―三四七八号）

ここで、「井伊谷徳政について訴訟があったが、瀬戸方久が買い取った分については、次郎法師・主水佑の証明があるので、徳政の適用外とする」ということが、今川氏真（上総介）によって承認されています。この史料から瀬戸方久が、都田・祝田周辺の土地を集積していたことがわかります。さらに「今度新城取立の条、根古屋に於いて商売諸役免許せしむものなり」とあるように、商売の特権も認められています。なかなかやり手の新しいタイプの商人であったことがわかります。

さて、井伊谷徳政をめぐっては、このほかにも「蜂前神社文書」のなかには、今川氏の給人匂坂直興、祝田禰宜、井伊次郎法師、関口氏経らの間で取り交わされた書簡が多数確認されます。そのなかでも、井伊氏の当時の状況をよく物語っている、次の史料に注目してみたいと思います。

其《その》谷徳政の事、去る寅年御判形を以て仰せ付けられ候といえども、井主私に仕まつられ候て、祝田郷中・都田上下給人衆中、今において徳政沙汰これ無く候間、本百性只今訴訟申し候条、御判形の旨のままに申し付けられ候、寅年仰せ付けられ候処に、銭主方難渋せしめ、今において其《その》沙汰無き儀、はなはだ以て曲事に候、此の上銭主方如何様《いかよう》の訴訟申し候とも、許容有るまじく候、其のため一筆申し入れ候、恐々謹言、

関越　氏経（花押）

八月十四日
井次参

（『県史』三―二四七二号）

この史料は、今川氏の関口氏経が、直虎に対して、徳政を実施しないことを激しく糾弾した史料です。この史料とあわせて、同日発給のほぼ同内容の「伊井谷　親類衆・披官衆中」宛、追書「尚以、各々無沙汰無之様ニ可被申付候、以上、」とある文書が出されています。ここで、「井主」とはだれか、またなぜ同内容の文書が二通出ているのでしょうか。これについて、阿部浩一さんは、「井水」とは「井伊主水佑」であり、二通文書が発給されていることについては、「永禄期の井伊家当主の地位は極めて不安定であり、しかもこの当時の当主とされる次郎法師を支えていただけでなく、政治的決定権についても（親類・被官衆が）かなりの影響力をもっていたと推察される。それ故に、徳政の実施を命じた書状は次郎法師だけでなく、『家中衆』にも伝えなければならなかったのである。」（阿部前掲『戦国期の徳政と地域社会』一二九～一三一頁）と指摘しています。

また、阿部さんの指摘する「井伊主水佑」とは、一体だれなのでしょうか。阿部さんによれば、井伊主水佑とは、「永禄九年の徳政令を阻止した張本人」であり、「都田川流域の谷一帯を支配していた傍流」であるといいます。この説に乗れば、今川氏真の時期には、直虎とは別に井伊氏のなかで主導権をもっていた「主水佑」という人物がいたことになります。また、阿部さんがいっているように、この時期、直虎の政治的決定権が制限されていたことも考えられます。実際、永禄十一年（一五六八）は、小野但馬一派による井伊谷「押領」事件が生じる時期でもあります。しかし、これはなかなか徳政令を執行しない井伊氏に対して業を煮やした上での処置であったとみられます。つまり、逆にいえば、今川氏に対して、井伊氏が自立性をもっていたことの証左といえるでしょう。

井伊直虎は、徳政令の執行停止を最後まで守り通すことはできませんでしたが、譲歩することに成功しました。〝自然〟の側にある百姓たちと、〝文明〟をめざす商人たちとの間で板挟みにあいつつも、両者の妥協点を模索し、瀬戸方久らの権利を守った上で、徳政を実施することになります。これは、次の史料から確認できます。

祝田郷徳政の事、去る寅年御判形を以て仰せ付けられ候といえども、銭主方難渋せしめ、今に落着なきにつき、本百姓訴訟せしむの條、先の御判形の旨のままに申付候なり、前々の筋目を以て名職等これを請け取るべし、たとえ銭主方重ねて訴訟を企つといえども訴訟許容すべからざるものなり、仍て如件、

永禄十一辰十一月九日　　関口　氏経（花押）
次郎　直虎（花押）

祝田郷
禰宜
其外百姓等

（『県史』三―三四八五号）

しかし、この翌月には、徳川家康がこの地に侵攻してくることになりました（永禄十一年八月三日には、同じ井伊谷買得地を家康から安堵されています〔『県史』三―七一号〕）。さて、この一連の井伊谷徳政をめぐる動向は、何を意味していたのでしょうか。

ここで、今川氏は、〝文明〟の側にいるのだから、〝自然〟の側にいる百姓たちの権益を守るのは矛盾しているのではないかと考える方がいらっしゃるかもしれません。しかし、今川氏真の徳政令の実施は、土地の所有によって人を把握する行為であり、それは、まさしく〝文明〟の側の論理でした。このことは、網野善彦さんの次のような指摘にもつながります。

徳政もまたその延長上にあると言えよう。それはあくまで土地・所領の関係において人をとらえようとする「農本主義」に支えられた法の世界であるが、その源流は、列島の社会にはじめて「文明」的な国家を確立した律令制の儒教的な「農本主義」に遡るものと思われる。

（「転換期としての鎌倉末・南北朝」『網野善彦著作集』第六巻、岩波書店、二〇〇七年、一八九頁）

今川氏真が実行した徳政令も、まさにこの文脈のなかで理解すべきでしょう。では、今川氏に対抗した瀬戸方久ら「銭主」たちの動向は、どうでしょうか。彼らの動きも、まさに〝文明〟へ向けた動きであったと考えられます。もちろん、当時の商人たちの行動は、常店をもち経営をするわけではないので、〝文明〟とはいえません。しかし、それは明らかに〝文明〟化へ向けた新たな動向の一つでした。井伊氏は〝自然〟の力を背景にして成長してきた一族でしたが、永禄八年（一五六五）頃の井伊直虎の段階――すなわち、〝文明〟化が進んできた時代――においては、その調停役を担わざるをえない立場になっていました。南北朝期からはじまる遠江の長い〝動乱の時代〟を眺めてきた私たちにとって、この変化は衝撃的だと思います。

九　小野但馬守とは

さて、前節でのべたように、戦国大名今川氏は、この後、徳川氏と武田氏による攻撃によって、滅亡していきます。永禄十一年（一五六八）には、井伊氏の拠点である井伊谷は、小野但馬守によって押領されます。その後、徳川家康に味方した近藤・菅沼・鈴木のいわゆる「井伊谷三人衆」によって、小野は排斥されます。この事情について、『井伊家伝記』は、次のように説明しています。

小野但馬逆心申し候は、永禄十一年直政公八歳の節、井伊谷にての事也。夫れまでは井伊谷に地頭職は次郎法師御勤め成され候て、直政公御別条なく在城成され候。永禄十一年小野但馬が逆心にて、井伊保揉合騒動なり、直政公御立ち退き成され候ことは、井伊保にてのこと故、龍潭寺南渓和尚へ疑うこと之れ無き也。扨また、浄土寺守源、直政公へ懇意のことは、松下源太郎浜松住宅の節、浄土寺へ御出入り成され、御手習い等成され候故、懇意に御座候。

……（中略）……

扨また、権現様三州岡崎に於て小野但馬井伊保を押領致し候て、直政公御立退き成され候段御聞及び、則、近藤平右衛門・鈴木三郎太夫・菅沼次郎右衛門、右三人を遣わされ候て、井伊保を御乗っ取り成され候。右三人衆三州宇利より進発、山越に遠州頓幕山越え、奥山の郷へ入り候て、三人衆人数関の声を揚ぐに、防ぎ戦う者一人も之れ無き故、直に井伊保の城を取巻く所に、小野但馬防戦成り難く井伊保を立ち退き、近辺に忍び居り申し候処に、永禄十二年四月七日、権現様堀川城責めの節、御仕置に仰せ付けられ候。其罪科は権現様へ御内通仕り候、井伊直親傷害は但馬讒言、その後段々直政公を失い奉る可き旨相企み申し候故。其陰謀重科にて、即ち、井伊保に獄門に御掛け成され候。但馬に子二人之れ有り。同年五月七日御吟味遊ばされ候て、二人共に又々御仕置に仰せ付けられ候。

こうして、今川氏との「取次」的な存在であった井伊家の家老小野但馬守は、徳川家康によって、井伊保にて獄門に処されることになりました。しかし、ここで考えなくてはならないのは、時系列の問題です。先ほど井伊直虎が徳政令実施の文書を出したのが永禄十一年（一五六八）十一月九日、徳川家康が遠江に侵攻してくるのが同年十二月なので、小野氏が井伊谷を「押領」したのは、わずか一か月しかありません。史料が残っていないので、この部分ではいろいろな考え方ができるでしょう。直虎の立場にたってみれば、徳川家康の侵攻を見込んで逃亡したとか、井伊直虎の徳川家康への内応を疑った小野但馬守が直虎を排斥したとか、井伊谷徳政で今川氏に従わなかった井伊氏を排斥したとか、あるいは、小野但馬守が身代わりになったとか、いろいろと想像を膨らませることができます。いずれも、確証をもてないことなので、この問題について筆を進められませんが、一点、小野但馬守にまつわる井伊谷の伝承を紹介しておきましょう。小野但馬守が処刑されてから、半世紀以上経った正保四年（一六四七）、井伊谷町の住人中井直頼が書いた日記のなかに、次のような記録がみえます。

一但馬明神之イハレ、いにしへ井殿御代ニ小野但馬守ト申候而井伊殿家老人ト云々、井殿打死被成御跡犯略之砌あやまり之子細有之付而、井殿一紋衆ゟ但馬守ニ切腹被仰付候由ニ候、其後悪リヤウト成、与惣左衛門子孫ニタヽリヲナサレ候付而、則荒宮と悦、社を立、先年之但馬屋敷ニ祭申候処ニ、彼地近藤石見殿御知行ニ成、内屋敷ニ成申付而、但馬殿古社ヲハ二ノ宮之敷知へ引申つる、然処ニ二ノ宮建立之次而を以、但馬殿社をも弥五左衛門建立申候、正保四年丁亥三月五日ニ二ノ宮御遷宮之上ニ而御タクヲ上ケ申候之次而ニ、但馬殿タクセンニ向後我ヲハ但馬明神ト悦候へ由、望ニ存候、

（「中井日記」『県史』近世四―六八六頁）

ここで書かれている内容は、先ほどの『井伊家伝記』とは大きく異なります。すなわち、井伊氏が小野但馬守を切腹させた、という話が地元には伝わっていたことがわかります。そして、悪霊となって、井伊家に奉仕していたといわれる中井氏にも祟りをもたらしたといいます。小野但馬守がどんな人物であったのか、直虎との関係はどのようなものであったのか、真相はわかりませんが、井伊谷の住民にとって長く記憶に残る存在であったことは間違いないでしょう。

私は、小野氏は、井伊氏の家臣団のなかでもっとも「都市民」に近い一族であったのではないかと考えています。彼らが根拠においた場所が、細江町の小野か、浜北区の尾野か、定かではありませんが、どちらも交通の要衝であります。「都市的な場」の形成に、小野氏が果たした役割は大きかったと思います。小野氏は、井伊家中のなかで、〝文明〟と〝自然〟の境界にありました。井伊氏の家中には、奥山氏のように、「山の民」としての性格が色濃い一族もいましたから、内部での対立もあったでしょう。このことは、記録

にないことなのでここでは立ち入りできませんが、小野氏の井伊谷押領という事態は、井伊氏の家臣団における小野氏の特異な位置を物語っていたと考えられます。

十　徳川家康による〝文明〟化

この後の井伊氏の歩みについては、すでに述べていますので詳しく述べませんが、井伊谷を「押領」された井伊直虎は、徳川家康の遠江侵攻、三方ケ原の戦いという当地における二つの大きな歴史上の出来事の表舞台には出てきません。虎松は鳳来寺に預けられることになりましたが、『井伊家伝記』によれば、天正三年（一五七五）二月、直親の年期法要の際に、南渓和尚と次郎法師らの計らいによって、徳川家康へ出仕することになりました。次のような面会の過程があったと記されています。

直政公、権現様へ御出勤の為に、浜松松下源太郎宅へ御越し成され候。御小袖二つ祐椿次郎法師より御仕立遣わさる也。天正三年二月、初鷹野にて御目見遊ばさせられ候。早速召抱る可きの御上意にて御伴、御城へ御入り遊ばされ候。則、御前に於て、御尋の上、父祖の由来つぶさに言上せしむるの所に、驚かれ台聴仰せ出され候は、実父直親は家康公が遠州発向の陰謀露顕故、氏真傷害致し、家康が為に命を失う。直親が実子取立て叶わざるの旨、則、松下を相改め、直親が家名井伊氏に成す可き旨、又、権現様御童名竹千代様の千代を下され、千代万代と御祝い遊ばされ、虎松を改て万千代と御名下され、直政公御伴仕り候。小野亥之助に万福と申す名を下され、万千代、万福と御祝い遊ばさせられ下され、千秋万歳目出度く御祝い、御上下御拝領。即座に三百石下され候事は天正三年直政公十五歳の節也。

ここでは、家康と直政の出会いが、まるで就職活動のようなタッチで書かれています。今川氏から逃れるため、松下家に養子に入っていた事情などをみることができ興味深いのですが、むしろ有名なのは、『寛政重修諸家譜』にみられる次のような家康と直政の出会いの記録です。

永禄四年遠江国井伊谷に生る。五年父直親戦死の、ちその罪いまだ明白ならざるにより、領地を没収せらる。ときに直政も害せらるべきを、新野左馬助某強て一命をこひうけ、かれが家に養育せらる。七年左馬助遠江国引間［のちに浜松にあらたむ］にをいて討死すといへども、その妻なを撫育するのところ、氏真また殺さむとす。こゝにをいて其妻はやくはかりて左馬助が叔父浄土寺の僧にあたへて出家せしむるにより、遂に死をまぬかる、十一年氏真没落のとき、直政浄土寺の僧等と、もに三河国鳳来寺にのがれ、それより遠江国浜松にいたる。のち直政が母、松下源太郎清景に再嫁するにより、そのもとにやしなはれて松下を称す。天正三年二月十五日東照宮浜松の城下に放鷹したまふのとき、路辺にして直政を御覧あり。すなはちめされてつかへたてまつる。［時に十五歳］これより御かたはらをはなれず。

「鷹狩」にでかけた家康が、井伊直政をみつけ出す、というストーリで描かれています。このストーリで注目すべき点は、〝家康が虎松をみつけ出した〟という図式です。家康が、隠住していた虎松（井伊直政）を発見したことが強調されています。それは、この面会が、「鷹狩」という〝自然〟と〝文明〟の結節点で開かれたところに意味があるわけです。

すなわち、これは、〝文明〟の側にいる家康と、〝未開・自然〟の側にある井伊氏の結託をあらわす象徴的な事件でした。もちろん、私たちは、家康が〝自然〟の力を借りて遠江侵攻を成功させ、その後、三方ケ原の戦いにおいて、〝自然〟の反撃に苦しんだことを知っています。また、井伊氏が独自に〝文明〟化の歩みを進めていたことも知っています。ですから、この動向が急激に起きたものではなく、長い歴史のなかで自然に起きた変化であったことを十分に承知しています。

かくして、二五〇年に及ぶ〝自然〟と〝文明〟の衝突は、静かに和解していくことになります。この融合の過程において、井伊直虎がいかに大きな役割を担ったのかについては、今さらくり返すまでもないでしょう。長きにわたって引佐地方を拠点として、遠州に君臨していた井伊氏の惣領が、徳川家康の家中となることの意味は、遠州の歴史のなかできわめて重要なことです。あえていわせてもらえれば、徳川家康の存在は、井伊氏にとって絶対的なものではありませんでした。宗良親王、三管領の斯波氏、今川氏などに比べれば、権威の面からすれば、家康の存在は、井伊氏にとって明らかに不服であったでしょう。実際、徳川家康は、龍潭寺に宛てた判物のなかで、あえて「藤原家康」と名乗っています。些細なことかもしれませんが、この点はきわめて重要だと思います。井伊氏が地元の棟札に、あえて「藤原」という名を入れていることを指摘しましたが、徳川家康にも同じような意図があったのでしょう。姓や官位は、必ずしも上位権力に対して必要であったのではなく、むしろ下に対して大きな効力をもちました。

また、徳川家中で、井伊直政が破竹の勢いで出世したことに疑問をもつ方も多いようですが、私からすれば、それは当然だと思います。その最大の理由は、今川氏が二五〇年の長い年月をかけても完全に征服できなかった、井伊氏とその背景にある〝自然〟の脅威を恐れたことが挙げられるでしょう。家康からしてみれば、井伊氏を取り込むことは、遠州の支配を磐石なものにする上で絶対に必要でした。ちなみに、家康は、井伊直政に、武田の遺臣である山県軍の赤備を引き継がせますが、これも理にかなったことのように思えます。「山の民」である彼らを指揮するのに、井伊氏ほどの適任はいません。徳川家康は、井伊氏を抑えることによって、引佐地方に広がる雄大な〝自然〟を掌握することに成功したのです。

十一 「悪党」と井伊直虎

では、最後に、井伊直虎の歴史的な主体としての意味について考えてみたいと思います。直虎は、長い井伊氏の歴史のなかにおいて、〝自然〟のなかで育った最後の一人といえるでしょう。それでは、なぜ、直虎は出家する必要があったのでしょうか。この問題については、すでに答えを出していますが、ここではさらに深めましょう。すなわち、この出家は、消極的なものではなく、積極的な側面があったように思います。先ほども少し指摘しておきましたが、この問題を考える上で参考になるのが、南北朝期に活躍した「悪党」たちの様子です。これについては、多くの興味深い研究の蓄積があります。その全部を紹介することはできませんので、ここでも網野善彦さんの研究を紹介しておくことにしましょう。

「悪源太」「悪左府」などの用例、武勇を事とする「悪僧」、専ら殺生をする「悪人」、「諸悪の源」と言われた博打、「穢」と「悪」との結びつきなどによっても明らかなように、一三世紀までの「悪」は、「未開」の暗く荒々しい力の爆発、人の意志をこえ、たやすく統御することのできない恐るべき力と結びつけてとらえられていた。「悪党」の「悪」がそれに重なることは言うまでもないが、それに加えて、親鸞が「屠沽の下類（賤業者）」と言った商人、出挙の利を貪る山僧などの借上の行為が「悪」ととらえられている点に注目すべきであり、人を限りない欲望にかりたてる銭——貨幣、それを得るための営みである商業・金融自体が、得体のしれぬ力に左右されるものとして、「悪」とされたものと思われる。

そして「悪」をこのようにとらえ、「悪党」をきびしく弾圧したのが、まさしく「文明」としての所務沙汰を基本とする鎌倉幕府法の世界であった。

（「転換期としての鎌倉末・南北朝」『網野善彦著作集』第六巻、岩波書店、二〇〇七年、一八九頁）

網野さんは、「一三世紀まで」と明確に述べていますが、私は、これは戦国時代まで延長して考えるべきだと思います。ここですでに何度も触れている今川氏真による龍潭寺への判物を引用しておきましょう。

遠州井伊谷竜潭寺之事

一彼寺為直盛菩提所新地令建立之条、如令直盛寄進時、寺領以下末寺等迄、山林四壁竹木見伐等堅令停止之事、

一諸末寺雖為誰領中、為不入不可有相違、然者末寺看坊爾申付者、越訴直望坊主職儀令停止之事、

一門前在家棟別諸役等、一切免除之、直盛云私所云無縁所、不準他寺之間、可為不入事、

一祠堂銭買地敷銭地取引米穀、国次之徳政又者地頭私徳政雖令出来、於彼寺務少茂不可有相違事、

付地主有非儀闕落之上、恩給等令改易者、為新寄進可有寺務也、

一悪党以下号山林走入之処、住持爾無其届、於寺中不可成敗事

右条々、任直盛寄進之旨、於彼孫永不可有相違之状如件、

永禄三庚申

八月五日　　氏真（花押）

竜潭寺

（『県史』三―二八一〇号）

このうち「悪党以下山林と号し走入の処、住持にその届けなく寺中において成敗すべからざる事」という文言のなかの、「悪党」も、先ほどの網野さんの文脈のなかでとらえてみましょう。すなわち、この「悪党」というのは、犯罪者のことを意味するわけでは必ずしもありません。これは、今川氏真の発給した文書なので、今川方からみて「悪党」ということでしょうが、それは〝文明〟のなかで異端視された〝自然〟のなかに生きた人びとのことを暗示しているように思います。ここで今川氏真は、「悪党」の寺中への逃げ込み、すなわち〝ウチのアジール〟を認めています。また、この判物の内容が、そのままのかたちで、徳川家康判物として継承されていることも重要です。

今川氏の圧力に井伊氏が最終的には屈しなくてはならなかったことからも明らかなように、この時代には、すでに〝自然〟や「野性」「野蛮」をよりどころとする〝未開〟の側の勢力は、きわめて小さくなって

いました。やがて、直虎の時代において、遠州における〝ソトのアジール〟は、完全に消滅されてしまったといってよいでしょう。〝自然〟の側にいた人びとは、時代に取り残され、行き場を失ってしまうことになります。私は、ここで「悪党」と呼ばれた人たちのなかには、かつて「山の民」として遍歴生活をしていた人たちが含まれているような気がしてなりません。そのなかには、社会に行き場を失い、「悪党」と呼ばれる行為にでた者もいたでしょう。しかし、そうした人たちの受け皿になるような、龍潭寺に象徴される〝ウチのアジール〟が、次第に形成されてきたことも事実といえるでしょう。それは、やや吹聴していえば、〝ソト〟と考えられる引佐地方の〝自然〟を、龍潭寺という場・空間に閉じ込めたことを意味しています。こうして、江戸時代の駆込寺の一つの典型である龍潭寺が誕生したのです。だからこそ、龍潭寺に駆け込むことを、人びとは「山林」と

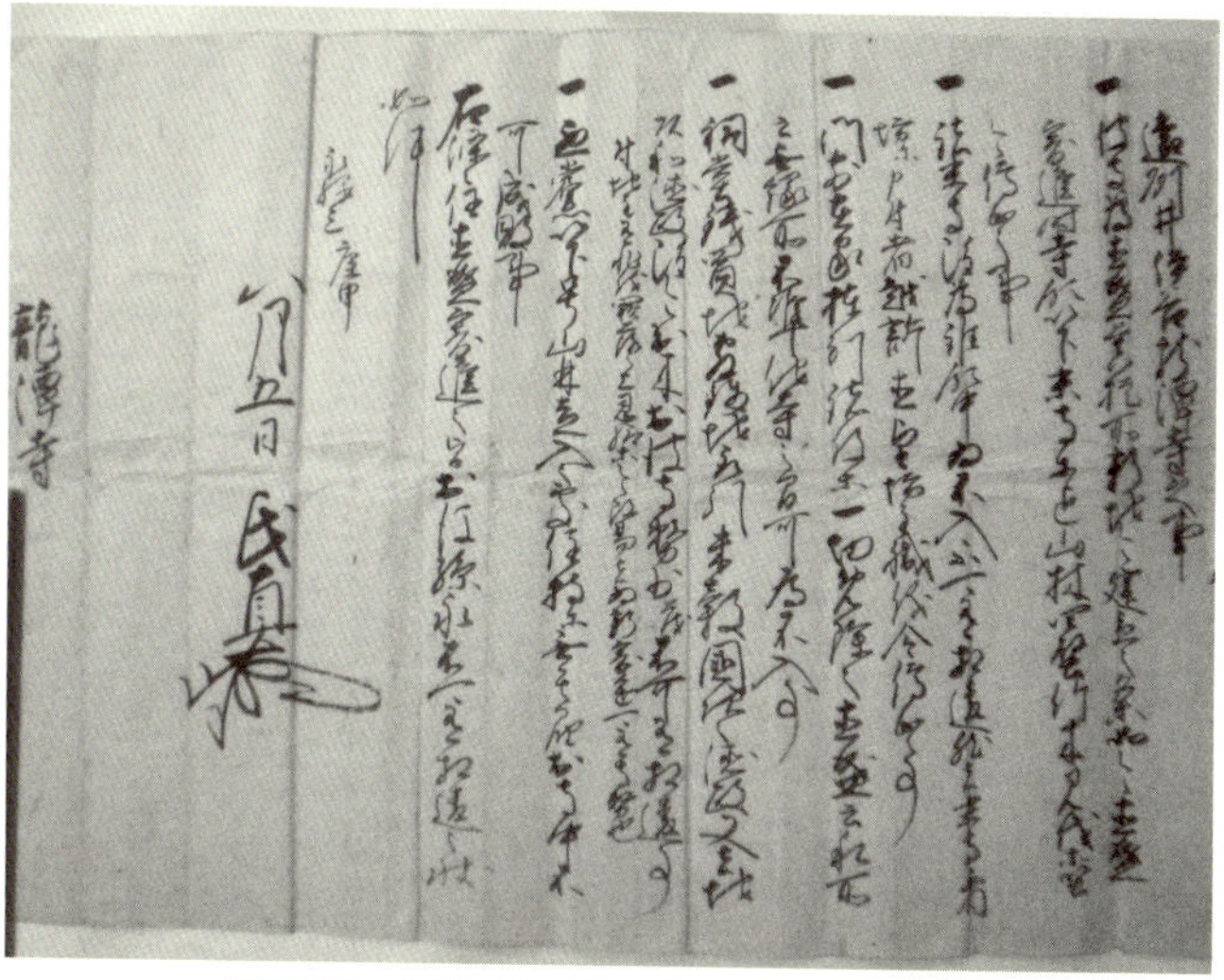

写真 20　今川氏真判物（龍潭寺文書 252 号）

写真 21　龍潭寺の庭

称したのでしょう。それは、もっと印象的ないい方をすれば、龍潭寺の境内に、引佐地方の古くからの〝自然〟を封じ込めたということができます。つまり、龍潭寺の〝ウチのアジール〟には、中世の引佐地方の〝ソトのアジール〟の残影が色濃く残っているのです。この「山林」という言葉の背景には、二五〇年以上にわたって井伊氏の拠り所であった引佐地方の〝自然〟が込められています。現在の龍潭寺の庭園は、まさにこれが縮図のように凝縮されているといえるでしょう。そして、当時「次郎法師」として龍潭寺にあった直虎は、まさに「悪党」と呼ばれた「山の民」の象徴であったと考えることができるかもしれません。

直虎は、時代の変転を体現した主体として、必然的に歴史上に登場しました。彼女が「次郎法師」と名乗ったこと、女性であったこと、これらも南北朝期からの連続のなかで理解する必要があります。網野さんが述べていたように、日本は「母系制」から「父兄制」へと大きな転換を遂げていくという説があります。実際、中世の引佐地方の山々に暮らした人びとは、井伊氏を含めて女性の地位が相対的に高かったことが想定されます。井伊朝光が祖母の菩提寺を建立したこと、中世の『雑談集』にみられた「地頭ノ尼ノ物語」も、そうしたことを暗示しています。そうした「山の民」の生活形態は、都市に暮らす人々の影響下のもとに、徐々に消えていきました。直虎も、まさにその転換点に位置していたのでしょう。彼女は、「中世」と「近世」、そして「自然」と「文明」、「僧」と「俗」の境界を生きた女性なのです。

直虎は、ある意味、遠江における〝自然〟と〝文明〟の二五〇年の戦争をきわめて平和的に終局させた功績者の一人といえます。しかしながら、彼女自身がその道を切り拓いたわけではありません。南北朝期からの怨恨の連鎖を断ち切ったものは、彼女を取り巻く時代の潮流にほかなりませんでした。井伊直虎という主体は、その大きな歴史のダイナミズムのなかで、役を演じたにすぎないのです。しかしながら、彼女が、引佐地方の雄大な〝自然〟の長であった井伊氏の、最後の生き残りであった事実に変わりはありません。彼女は、井伊氏の嫡子である直政を、徳川家康に象徴される〝文明〟の側に引き渡すと、歴史の表舞台から姿を消します。ちょっとひどい言い方をすれば、彼女は新しい時代には、必要とされていなかったのです。晩年の彼女は、龍潭寺の寺中にあった松岳院（妙雲寺）で細々と暮らしていたと思われます。徳川家康のもとで成長していく直政を横目に、その晩年は穏やかであったと想像します。そして天正十年（一五八二）、〝自然〟の極にあった武田氏が滅亡させられ、その一方で〝文明〟の牽引者であった織田信長が本能寺で倒れたその約三か月後の八月二十六日、彼女は息をひきとりました。

　彼女の生涯は、劇的なものでしたが、日本史上における重要な人物とまではいえないでしょう。彦根井伊氏の遠忌法要のなかでも、直政の実母などに比べて直虎は必ずしも重要視されていませんし、先にみたように、『寛政重修諸家譜』においても、「女」「次郎法師」などとあるのみで、「直虎」の名は記されていません。彼女は、ほかの〝自然〟のなかに生きた多くの「山の民」と同じく、歴史の忘却の彼方へと押しこめられていきました。

おわりに

いかがだったでしょうか。井伊直虎が直面した今川氏と井伊氏との抗争の歴史。これは、実は、南北朝以来二五〇年の間、連綿として続いてきた長い戦いの歴史でした。おそらく、直虎自身もこのことをよく心得ていたでしょう。直虎が、井伊家の当主となったのは、当時、東海地方の〝文明〟の中心にあった今川義元が、桶狭間の戦いで戦死した、まさにその時期でした。今川氏の勢力が、遠江においては新興勢力であった甲斐の武田氏、三河の徳川氏によって崩されていく、その転換期に直虎は歴史のなかに登場しました。この意味で、彼女は、まぎれもなく激動の〝転換期を生きた女性〟です。

ここからは、全くの私見ですが、直虎は「次郎法師」と名乗らなくてはならなかったし、女性でなくてはならなかったと思います。彼女が「次郎法師」として龍潭寺に出家してその身を守れたこと、さらに、惣領筋でありながら今川氏によって殺害されなかったこと……彼女の存在は、決して偶然的なものではなく、社会・経済・文化の総体である文明史の大きな流れに規定された必然的な結果として、歴史のなかに登場し、消えていったといえるでしょう。〝自然〟と〝文明〟のはざまで生きることになった彼女の姿には、宮崎映画『もののけ姫』におけるエボシ御前のようなイメージを重ねてみてしまいます（実際、引佐地方は「山犬」の生息地であったことが知られています。直虎の頃の引佐にはまだ「山犬」がたくさんいたでしょう）。いずれにせよ、中世から近世へ向かう〝文明化〟の最後の段階を象徴する人物であったことはたしかです。事実として彼女の後の時代、江戸時代は、〝文明〟と〝自然〟の絶妙なバランス感覚のなかで発展していくといえるでしょう。「徳川文明」の本質はここに見出されると思いますが、その点は、本書で扱える範囲を遥かに超えています。またの機会に検討することにします。

さて、遠江の歴史は、この後もずっと続きます。とくに、江戸時代の引佐地方の歴史については、すでに、拙著『近世の地方寺院と地域社会』（同成社、二〇一五年）のなかで述べていますから、ここでは触れませんが、南北朝期から戦国期にかけての〝動乱の時代〟は深く、その後の私たちの歴史を規定していくことになりました。近世の社会のなかに用意されていた、様々な仕掛けによって、絶えず、当時の情景は引き継がれていくことになったといえるでしょう。

考えてみれば、〝文明〟というのは不思議なものです。私たちの科学技術は日々進歩していきますが、その一方で、未開の〝自然〟の幻影は強く残り続け、再生産されていきます。技術がいくら進歩しても、私たちの人間生活の矛盾（いじめや差別など）が縮小されるどころか、ますます強くなっていきます。憎しみや悲しみ、暴力や戦争も〝文明〟のなかから生まれてきます。そのなかに「アジール」を求める人びとも出てきます。

本書は、遠江における南北朝から戦国にかけての時代を〝文明〟化の時期としてとらえ、そのなかにおける〝自然〟と〝文明〟の対抗の関係を考察してきました。〝文明〟という論点は、歴史学の問題としては使い古された議論のようにも思われますが、今日の私たちを取り巻く現状は、まさしく〝文明〟というものに再考を迫ってくるようにも思います。私たちが享受している「文明」や「文化」が、現在、大きな再編の時期を迎えているような気がしてなりません。

こうしたなかで、本書でみてきたような数百年前の日本の片隅で起きた〝文明〟再編の過程が、私たちが生きている社会に対してどのような教訓を示してくれるでしょうか。それは私にはまだよくわかりませんが、本書が、私にとっても、読者の皆様にとっても、そうした社会の抱える問題を深く考える一つのきっかけになれば幸いです。

あとがき

本書は、古代・中世に引佐地方で生きた人びと――「山の民」――が、中世から近世へと時代が移行し、社会が〝文明化〟していくなかで、次第に「都市民」たちの社会のなかに包摂されていく過程を描いたものです。母系制社会から父系制社会へ、遍歴型社会から定住型社会へ、山村から都市へと社会が移行していくなかで、それについていけない人びと――本書でいう「悪党」――の受け入れ先になったのが、龍潭寺のような「ウチのアジール」であったと思われます。彼らは、〝自然〟と共生してきた人びとです。

本書の内容は、まだまだ仮説の段階にすぎませんが、古代・中世の遠州で暮らしていた「山の民」たちが、当地の歴史を動かす一つの主体（原動力）となっていたことは、間違いないでしょう。それにしても、彼らは、なぜ山のなかで暮らしていたのか。私は、伊平などに古くからいたといわれる鍛冶集団などが、この問題に絡んでいると考えていますが、それについてはまた別の機会に論じたいと思います。いずれにせよ、かつて、三遠南信の山間だけではなく、列島各地を遍歴していた人びとの実像の解明は、これからの課題といえます。

さて、本書の発想が、どこからきたものなのか、ちょっとだけ説明しておきたいと思います。引佐の山間部で暮らしていた経験をもつ私にとって、高校生になり浜松市の高校に通うことになった時に味わったカルチャーショックの積み重ねのなかで、本書のイメージが形成してきたことは疑いようのない事実です。しかし、本書のもととなる直接的な発想――すなわち、遠江を舞台にした「山の民」と「都市民」との対抗の歴史――を明確にもったのは、東京学芸大学時代の阿部猛先生の中世史ゼミの合宿で群馬に行った時だったと思います。このとき宿泊した旅館で、卒業論文の構想発表会を行ったのですが、私はその際レジュメではなく「『無縁の原理』を追いかけて」という小冊子を配布し報告しました。内容は、遠江の古代・中世からの歴史を描いた大胆なものであったのですが、縁切寺満徳寺が巡検先であったこともあり、井伊直虎のことにも注目した内容であったと記憶しています。旧著『アジールの日本史』は、この延長のなかで執筆したものですが、そこでは、全体像の提示を意識し、三方原の戦いの意義などを明示するには至りませんでした。〝文明〟〝自然〟という操作仮説も、その頃はまだ立てていませんでしたが、本書の骨格はすでにあの時できあがっていたような気がします。

その後私は大学院に入り近世史を専攻したために、この問題から一時離れることになりました。しかし、院生時代も、阿部先生から突然「蒲御厨の史料を読みたくなった。一緒に読みましょう。」との連絡をいただき、先生のお宅で史料読みを続けました。そのことが、本書のなかにも活きているし、何よりもこの大きな問題を考え続ける大きなきっかけとなりました。平成二十七年十一月に、何とか博士課程を修了することができた私は、やり残していたこの問題をあらためて考えたい、という強い衝動に駆られました。今、本書によって、ようやくこの発想を整理することができましたが、一方で、まだまだこれからやるべきことが多いことを自覚しています。

なお、本書を執筆するにあたっては、多くの研究を参照しましたが、この本の特性から引用・参照文献の提示は最小限におさえました。ご海容を願いたいと思います。また、前著同様、本書の刊行においては、同成社の皆様に大変なご迷惑をおかけしました。とくに、本書の編集を担当していただいた山田隆氏に感謝申し上げます。

本書を脱稿してしばらく経った平成二十八年五月二十六日、私の恩師・阿部猛先生が八十八歳で永眠されました。東京に上京してからの一〇年間、私は公私にわたり先生から莫大な御恩を受けてきました。亡くなる二カ月ほど前、ようやく完成した先生の論文集を届けに病院にうかがった時のこと。もう起き上がることもしゃべることもできなくなっていた先生が、病床のなか、本を一生懸命お読みになっていた姿が忘れられません。今の私は、なかなか自分の研究に専念できる立場にありませんが、それでも先生が私にみせてくださった学問に対するひたむきな姿勢を決して忘れず、一歩一歩精進していきたいと思います。この本を新たな「研究計画書」として、先生の墓前に捧げさせていただきます。

平成二十八年七月二日　　阿部猛先生との思い出の地・伊香保にて

夏目　琢史

文明《ぶんめい》・自然《しぜん》・アジール

──女領主井伊直虎と遠江の歴史──

■著者略歴■

夏目　琢史（なつめ　たくみ）

1985年、静岡県浜松市生まれ。

一橋大学大学院社会学研究科博士後期課程修了、博士（社会学）。

現在、一橋大学附属図書館助教。

公益財団法人徳川記念財団特別研究員、井の国歴史懇話会顧問。

〔主要著作・論文〕

『アジールの日本史』（同成社、2009年）。

『近世の地方寺院と地域社会―遠州井伊谷龍潭寺を中心に―』（同成社、2015年）。

『人物史　阿部猛』（竹田進吾共編、日本史史料研究会、2016年）。

2016年8月30日発行

著　者　夏目琢史
発行者　山脇由紀子
印　刷　三報社印刷㈱
製　本　協栄製本㈱

発行所　東京都千代田区飯田橋4-4-8 東京中央ビル内　㈱同成社
TEL 03-3239-1467　振替 00140-0-20618

ISBN978-4-88621-734-9 C0021

関連書籍のご案内

アジールの日本史

夏目琢史著

四六判・二四二頁・本体二四〇〇円

駆込寺のようなアジールが日本史のなかでどんな意味をもったのか。古くは平泉澄、そして近くは『無縁・公界・楽』の網野善彦や阿部謹也ら先人の研究を検証し、社会学や哲学の領域にも踏み込み、古代から現代の日本史を検証する。

〔本書の主な目次〕

第1部　アジールとは何か
第2部　アジールの日本史
第3部　アジールに魅了された歴史家たち
第4部　アジール論のゆくえ